70 ejercicios prácticos de dinámica de grupo

Colección «PROYECTO»
24

Silvino José Fritzen

70 ejercicios prácticos de dinámica de grupo

(11.ª edición)

Editorial SAL TERRAE
Santander

Título del original brasileño:
Exercícios práticos de dinámica de grupo

Traducción:
José Bescós

Polígono de Raos, Parcela 14-I
39600 Maliaño (Cantabria)
Fax: 942 369 201
http://www.salterrae.es
E-mail: salterrae@salterrae.es

Con las debidas licencias
Impreso en España. Printed in Spain
ISBN: 978-84-293-0804-4
Dep. Legal: BI-1493-08

Impresión y encuadernación:
Grafo, S.A. - Bilbao

Indice

Págs.

1.ª Parte

Presentación 9
Relaciones humanas 10
Los diez mandamientos de las relaciones humanas 11
1. Presentación 12
2. Temores y esperanzas 13
3. Encuentro entre dos grupos 15
4. Círculos concéntricos 16
5. Juego de la verdad 17
6. Explosión del animador 19
7. Comunicación 20
8. Ejercicio de confianza 25
9. Mini-clase 27
10. Cualidades 28
11. Dramatización 30
12. Diagrama de integración 31
13. Alinearse según la influencia 32
14. Las dimensiones del liderazgo 34
15. Cualidades del líder democrático 36
16. ¡Quietos! 39
17. Trabajo en equipo 40
18. Prueba de resistencia ante la presión social 43
19. El regalo de la alegría 44
20. El trueque de un secreto 46
21. La tempestad de ideas 49
22. La dificultad del consenso 50
23. Ejercicio de consenso 52
24. La técnica del encuentro 55
25. Técnica de la salida 56
26. Pulso 57
27. Situación en el espacio 58
28. Técnica no-verbal de control y mando 59
29. Bombardeo positivo 60
30. Ejercicio de confrontación 61
31. Ejercicio de analogía 63
32. Bloqueo de la creatividad 65
33. Reunión no-verbal 66
34. El juego de los voluntarios 67

Págs.

2.ª Parte:

Presentación 71
Yo soy importante y tengo mi propio valor 72
35. Nombres nuevos 73
36. Conocimiento personal: el gráfico de mi vida/1 75
37. El gráfico de mi vida/2 76
38. Cosme y Damián se dan a conocer 78
39. Conocimiento personal 80
40. Técnica de penetración 82
41. Técnica del empujón 83
42. Conocimiento personal en relación a otro 84
43. Integración en un grupo hostil 85
44. Eficiencia del trabajo en equipo: La carrera de coches 87
45. Construcción de grupos 89
46. Engañando al grupo 90
47. Técnica de presión 92
48. Expectativas de participantes y animadores 93
49. Restablecimiento de la confianza 94
50. Esclarecimiento de valores 96
51. Una técnica no-verbal de control 97
52. Solución creativa de un problema 98
53. Dar y recibir afecto 100
54. Ejercicio «dentro» y «fuera» 101
55. Dinámica de exclusión 103
56. Ejercicio sobre el «feedback» 105
57. Ejercicio de salida 110
58. Historia de «La máquina registradora» 111
59. Características de un líder 113
60. Necesidades individuales en el trabajo 115
61. Necesidades de la empresa 117
62. Ejercicio de examen personal 119
63. Primeras impresiones 123
64. Ver y ser visto 125
65. El espejo: ponerse en la piel del otro 127
66. Colocarse 129
67. Verse: la imagen del cuerpo humano 130
68. Los cuerpos revelan una posición social 132
69. Ejercicio de saber mirar 135
70. El «ganador» y el «perdedor» 136

1.ª Parte

Presentación

Si a una persona del planeta Marte le fuera posible observar a los habitantes de nuestro planeta Tierra, probablemente quedaría impresionada al contemplar la cantidad de tiempo que pasamos juntos, en grupos. Constataría que las personas de esta Tierra nacen y viven en grupos relativamente pequeños cuyos miembros moran en la misma casa para salir al paso de sus necesidades básicas y que dependen de esa misma fuente para su subsistencia económica, para la educación de los hijos y para el cuidado de la salud.

Asimismo, observaría que la educación y socialización de los hijos se realiza en gran parte en grupos mayores, radicados en las escuelas, iglesias, asociaciones y en otras instituciones sociales. Igualmente podría observar que la mayor parte del trabajo y de las actividades se realiza en grupos con una gran dependencia mutua de los miembros entre sí.

Es muy posible, además, que el habitante del planeta Marte observara con cierta sorpresa que los habitantes de esta Tierra no siempre se integran perfectamente, carentes del clima social necesario, por tener problemas en las relaciones de unos con otros.

Donde hay más de una persona hay, efectivamente, problemas de relación. Para superarlos, tanto la familia como la escuela, las asociaciones deportivas o de cualquier otro tipo, la administración de empresas, los partidos políticos, los grupos de jóvenes y de adultos, recurren con mucha frecuencia a Cursos de Relaciones Humanas. Por su afinidad y sus relaciones con los diversos aspectos de la vivencia de los individuos con el grupo y del grupo con los individuos, la Dinámica de Grupo y las Relaciones Humanas se complementan de tal forma que es perfectamente justificable reunir en un mismo compendio Ejercicios Prácticos de Dinámica de Grupo y de Relaciones Humanas.

Partiendo del principio de que el individuo es un ser social y de que la coexistencia es una estructura de relaciones humanas, raras veces nos paramos, sin embargo, a observar lo que está sucediendo en un grupo, y difícilmente analizamos nuestro comportamiento en grupo. Inconscientemente tal vez, nuestro modo de actuar no siempre presta atención a las exigencias y observaciones de los otros participantes, creando así situaciones constrictivas e incluso conflictivas. El conjunto de Ejercicios Prácticos que presentamos pretende ayudar a limar las aristas y concienciar a los individuos, haciéndoles mejores observadores mediante las vivencias que irán teniendo al realizar estos trabajos, de forma que puedan perfeccionar su realización humana en sus ámbitos grupales.

Se trata de mejorar las relaciones de los directores, jefes, gerentes, líderes en general, con sus subordinados, colegas y superiores jerárquicos. Hay que crear un clima de relaciones verdaderamente humanas, de la persona con el grupo y del grupo con la persona; de las personas entre sí; de unos grupos con otros; del jefe o líder con el grupo, con cada miembro del grupo, y viceversa.

El principal objetivo al publicar esta colección de Ejercicios Prácticos, no es simplemente su divulgación; mayor importancia tiene para nosotros su significado y su finalidad.

Cada ejercicio tiene una finalidad: así, unos buscan una mayor apertura de la persona en su relación con los demás, superando las barreras que impiden una verdadera comunicación personal creadas por tantos prejuicios y condicionamientos como generalmente angustian a las personas en sus relaciones mutuas. Otros ejercicios intentan despertar en las personas el sentido de solidaridad, adormecido por el individualismo y el egoísmo.

Otros buscan más directamente llegar a una colaboración efectiva, dejados a un lado la frialdad, el indiferentismo, la agresividad, el deseo de dominación y el tratar a la persona como objeto.

Aparecen asimismo ejercicios que provocan un «insight» (conocimiento perspicaz) de sí mismo. Mostrarán a la persona como realmente es, con sus limitaciones, sus deficiencias, sus habilidades, sus tendencias positivas y negativas. Hay, en fin, ejercicios para mostrar la madurez del grupo, su grado de apertura y de armonía y su cortejo, más o menos amplio, de amistad, sinceridad, confianza y colaboración.

El hombre es esencialmente un *ser* para los demás, un *ser* en relación, que depende de los demás y está hecho para los demás. Hablando en términos generales, las personas tenemos muy poca conciencia de esto y es algo que sólo adquirimos a través de vivencias.

Relaciones Humanas

1. Las seis palabras más importantes:
   ADMITO QUE EL ERROR FUE MIO.

2. Las cinco palabras más importantes:
   HAS HECHO UN BUEN TRABAJO.

3. Las cuatro palabras más importantes:
   ¿CUAL ES TU OPINION?

4. Las tres palabras más importantes:
   HAZME ESTE FAVOR.

5. Las dos palabras más importantes:
   MUCHAS GRACIAS.

6. La palabra más importante:
   NOSOTROS.

7. La palabra menos importante:
   YO.

Los diez mandamientos de las relaciones humanas:

1. *Habla* con las personas. Nada hay tan agradable y animante como una palabra de saludo cordial, particularmente hoy en día que tanto necesitamos de «gestos amables».

2. *Sonríe* a las personas. Recuerda que para mover la cabeza ponemos en acción 72 músculos y que para sonreír nos basta con movilizar 14.

3. *Llama* a las personas por su nombre. Para casi todos, la música más suave es oír su propio nombre.

4. *Sé amigo* y servicial. Si quieres tener amigos, sé amigo.

5. *Sé cordial.* Habla y actúa con toda sinceridad: todo lo que hagas hazlo con gusto.

6. *Interésate* sinceramente por los otros. Recuerda que sabes lo que sabes, pero que no sabes lo que otros saben.

7. *Sé generoso* en elogiar y cauteloso en criticar. Los líderes elogian. Saben animar, dar confianza y elevar a los otros.

8. *Aprende a captar* los sentimientos de los demás. Hay tres ángulos en toda controversia: el tuyo, el del otro y el del que sólo ve lo suyo con demasiada certeza.

9. *Preocúpate* de la opinión de los otros. Tres son las actitudes de un auténtico líder: oír, aprender y saber elogiar.

10. *Procura aportar* los buenos servicios que puedes hacer; lo que realmente vale en nuestra vida es lo que hacemos por los demás.

1

Presentación

Objetivos:

a) Comenzar la integración del grupo, partiendo de algo fundamental: conocerse mutuamente, iniciando la relación interpersonal.
b) Romper el hielo desde el principio y reducir tensiones.
c) Demostrar que ningún miembro del grupo puede pasar desapercibido.
d) Dar una primera idea de los valores personales de las personas participantes.

Participantes:

De veinticinco a treinta personas.

Tiempo:

Cuarenta y cinco minutos aproximadamente.

Lugar:

Una sala bastante amplia con sillas para acomodar a todos.

Proceso:

El animador comienza explicando que el trabajo que van a realizar exige que todos se sientan a gusto. Esto requiere que todos sepan *quién es quién*. No se llegará a un conocimiento de grupo si los individuos no se conocen. Esto se puede conseguir de varias maneras. En este ejercicio vamos a partir de la presentación por binas:

1. El animador pide que todos los participantes formen subgrupos de dos, preferentemente entre personas desconocidas.
2. Durante unos seis o siete minutos, cada dos personas se entrevistan mutuamente.
3. Vueltos luego al grupo único, cada persona hará la presentación del compañero al que ha entrevistado.
4. Nadie podrá hacer su propia presentación.
5. Cada persona debe estar atenta y constatar si la presentación que de él ha hecho su compañero es correcta y si corresponde a los datos que él ha proporcionado.
6. A continuación, el animador pide a los participantes que expresen su parecer sobre la presentación hecha por su compañero y sobre el valor que este ejercicio ha tenido para ellos.

2
Temores y esperanzas

Objetivo:

Concienciar al grupo, al inicio del Curso, sobre sus motivaciones, deseos y esperanzas, sus angustias y temores.

Participantes:

De veinticinco a treinta personas.

Tiempo:

Treinta minutos aproximadamente.

Material:

Una hoja en blanco y bolígrafo.

Lugar:

– Una sala amplia para todos, con pupitres.
– Una pizarra o una cartulina grande.

Proceso:

El animador comienza diciendo que seguramente al empezar el Curso todos abrigarán temores y esperanzas. En el ejercicio que van a hacer, todos podrán expresar esos temores y esperanzas. Para ello:

1. Se forman subgrupos de cinco a siete personas.
2. Se da a cada subgrupo una hoja en blanco; se nombra un secretario que tomará nota de los temores y esperanzas de cada subgrupo.

3. A continuación, el animador pide que en cada subgrupo se vayan expresando los temores y esperanzas ante el nuevo Curso y lo anoten en la hoja que han recibido. Van a tener para ello unos siete minutos.
4. Pasado ese tiempo, se forma de nuevo el grupo grande para que cada subgrupo relate lo que haya ido anotando.
5. El animador hace un resumen en la pizarra o en la cartulina grande y observará que probablemente los temores y las esperanzas de los subgrupos son coincidentes o reductibles a dos o tres.
6. El ejercicio puede continuar como sigue:
   El animador pide que se formen de nuevo los subgrupos y cada uno de ellos estudiará más profundamente uno de los temores o de las esperanzas del grupo, sus características, sus manifestaciones, etc. Cuando lo hagan, vuelto a recomponerse el grupo grande, uno de los miembros de cada subgrupo deberá personalizar el temor o la esperanza que hayan estudiado en su subgrupo; deberá vivenciar ante los demás, y hacerles sentir, ese temor o esa esperanza.

3
Encuentro entre dos grupos

Objetivos:

a) Mejorar las relaciones entre dos grupos distintos.
b) Explorar la interacción de grupos.

Participantes:

Dos grupos formados por no más de quince personas.

Tiempo:

Dos horas aproximadamente.

Material:

Hojas grandes de cartulina o una pizarra.

Lugar:

Una sala lo bastante amplia para poder situar a los dos grupos por separado.

Proceso:

1. El ejercicio empieza con una reunión general en la que el animador explica los objetivos y el funcionamiento del trabajo.
2. Se forman los dos grupos. Cada uno de ellos deberá responder en una cartulina a las siguientes preguntas:
   1.ª ¿Cómo ve vuestro grupo al otro grupo?
   2.ª ¿Cómo piensa nuestro grupo que le ve a él el otro grupo?
   Esto llevará aproximadamente una hora.
3. Se reúnen de nuevo todos en asamblea y un representante de cada grupo lee y explica a todos el contenido de la cartulina de su grupo. El animador procurará mantener la disciplina de la reunión, no permitiendo explicaciones o defensas por parte del otro grupo.
4. Los dos grupos se reúnen de nuevo por separado para planear su respuesta a las observaciones hechas en la exposición anterior. Este trabajo llevará fácilmente una media hora.
5. En asamblea general se exponen las reacciones de los grupos. Y se hacen los comentarios apropiados a lo que se ha vivenciado en el ejercicio.

4
Círculos concéntricos

Objetivo:

Observar atentamente el comportamiento grupal de un participante, para posteriores observaciones.

Participantes:

Treinta personas aproximadamente.

Tiempo:

Treinta minutos.

Material:

Papel y bolígrafo para tomar anotaciones.

Lugar:

Una sala con pupitres.

Proceso:

1. El animador divide el grupo de forma que una mitad sea grupo de acción y la otra de observación.
2. El grupo de acción se sienta en un círculo interno, y el de observadores forma otro círculo concéntrico externo a él.
3. El grupo de acción inicia un debate sobre algún tema de libre elección.
4. El animador orientará al grupo de observadores sobre lo que deben observar en los miembros del grupo de acción. Por ejemplo, un observador anotará quién no participa; otro, quién monopoliza; otro, quién desea participar y no tiene oportunidad de hacerlo, etcétera.
5. Tras diez minutos de debate, el grupo de observadores presentará sus observaciones.
6. Se prosigue, luego, cambiando los papeles de los participantes: los que eran del grupo de acción pasarán al de observación, y viceversa; y se hace lo mismo que anteriormente.

5

Juego de la verdad

Objetivos:

a) Conocimiento mutuo.
b) Liberación de la personalidad.
c) Desbloqueo ó desinhibición.

Participantes:

Unas veinticinco personas.

Tiempo:

Depende del número de personas que vayan a ser interrogadas en cada ejercicio, así como del número de preguntas que se les vaya a formular.

Material:

Una relación de preguntas a formular o un sorteo de preguntas organizado previamente.

Lugar:

Una sala amplia para formar un círculo con sillas, y con una silla en el centro del círculo.

Proceso:

1. Al comienzo, el animador dará algunas orientaciones sobre la finalidad del ejercicio, dejando claro, al mismo tiempo, que tanto el que pregunta como el que es interrogado deben poner en juego sentido común y buena voluntad para que el trabajo salga bien.
2. A instancias del animador, un miembro voluntario del grupo ocupa la silla del centro del círculo para someterse al interrogatorio.
3. La persona que ocupa la silla del centro promete al grupo decir "Sólo la verdad" a cualquier pregunta que se le haga.
4. Las preguntas las formula el coordinador u otro miembro del grupo, valiéndose de la lista previamente organizada o de un sorteo de preguntas que también deben haberse preparado antes si se sigue esa forma.
5. Tras algunos minutos, se cambia de interrogado; y así sucesivamente.
6. Al final, se tiene un turno de testimonios y comentarios acerca de la experiencia realizada.

6
Explosión del animador

Objetivo:

Crear un impacto en los participantes mediante una dramatización exagerada, de forma que puedan percibir mejor las reacciones de los individuos.

Participantes:

Aproximadamente unas treinta personas.

Tiempo:

Como máximo diez minutos.

Lugar:

Una sala con sillas.

Proceso:

1. El animador aprovecha la discusión o debate que se está teniendo, se detiene y de repente se expresa enérgicamente: «No estáis poniendo el interés suficiente. Estoy dolido, aburrido y harto de comprobar tanto desinterés y mal comportamiento grupal. Si no os lo tomáis más en serio, cortamos ahora mismo y me largo».
2. El grupo, tan desconcertado repentinamente, manifestará reacciones que pueden ser de aprobación y, sobre todo, de reprobación de esa actitud tan violenta del animador.
3. En ese momento, el animador, ya calmado y tranquilo, dirá que estaba dramatizando para constatar las reacciones de los individuos del grupo.
4. A continuación pedirá a los participantes que manifiesten las reacciones de temor, de culpa, de inocencia, etc., que han tenido ante la explosión del animador.
5. Conviene notar que la aplicación de este ejercicio requiere cierta madurez y preparación en el grupo.

7

Comunicación

Objetivos:

a) Mejorar nuestras posibilidades de comunicación, sea en grupo, sea entre individuos.
b) Caracterizar los tres elementos de la conversación: intervención, interjección e interrupción.

Participantes:

Cualquier número de subgrupos formados por unas seis a ocho personas.

Tiempo:

Treinta minutos aproximadamente.

Material:

Una hoja en blanco y bolígrafo.

Lugar:

Una sala amplia con pupitres.

Proceso:

1. El animador hace la presentación fijando la atención específicamente en los tres elementos de la comunicación: intervención, interjección e interrupción. Puede valerse para ello del texto que figura al final de este ejercicio como anejo.

2. Se presenta a debate un asunto, escogido bien sea por el animador, bien por el grupo.
3. Se subdivide el grupo en dos subgrupos, uno de acción y otro de observación.
4. El animador escoge, dentro del grupo de acción, a los que harán la intervención, a los que pondrán en juego la interjección y a los que harán la interrupción.
5. Para lograr un mayor éxito en el ejercicio, el animador llamará a parte a los que van a realizar estas funciones y les dará las siguientes instrucciones:

   a) *A los que intervienen:* Vuestro papel será procurar el diálogo entre los miembros del grupo de acción. Eso significa que debéis prestar mucha atención e intervenir en cuanto no entendáis algo. Procuraréis aportar calidad y concisión al mensaje de los que hablan. Vosotros estáis para confirmar que el mensaje que dicen tiene éxito, que es entendido por vosotros. Vuestras intervenciones solamente se orientarán a que los demás vean que vosotros realmente entendéis; y lo único que podéis hacer es formular preguntas esclarecedoras.

   b) *A los que interrumpen:* Vuestro papel será de atropellar el esfuerzo de comunicación de los otros miembros del grupo de acción que se van a querer comunicar; metéis ideas nuevas, refutáis otras, introducís salidas de humor no apropiadas o tenéis salidas descabelladas. Pero tenéis que realizar vuestro papel con discreción para no hundir el debate; sólo se trata de dificultarlo. Hacéis unas cuantas interrupciones, las suficientes para que quede caracterizado y perfilado bien vuestro papel, pero teniendo cuidado de no destruir el proceso de comunicación del grupo.

   c) *A los que exclaman:* Vuestro papel será de apoyo y construcción, cosa que podéis hacer simplemente con movimientos de cabeza, con una sonrisa, con cualquier gesto de la mano, del cuerpo, etc. También os podéis mostrar confusos, interviniendo con exclamaciones breves: «¿qué?», «no entiendo», «no me entero», «no me aclaro», «¿quieres repetir?».

6. A continuación el animador deberá instruir al grupo de observadores. Cada miembro de este grupo deberá anotar en una hoja los elementos que, a su parecer, juegan los papeles de intervención, interrupción y exclamación, además de anotar otras observaciones sobre los papeles que se están desarrollando y sobre todo lo que está pasando.

Anejo: Intervención, interjección, interrupción

Los procesos y técnicas de comunicación son de difícil reconocimiento y más difíciles aún de definir. No cabe duda de que necesitamos mejorar nuestras posibilidades de comunicación tanto individuales como grupales.

La intervención y la interjección son posibilidades que, utilizadas adecuadamente, pueden ayudar a eliminar la interrupción que es el tercer elemento en juego en la comunicación.

Pretendemos ahora: a) Definir estos tres elementos. Procuraremos ilustrar, a través de un ejemplo concreto, cómo ocurren tales fenómenos en una interacción de grupo. b) Desarrollar un modelo para entrenamiento del grupo, en el que los miembros del grupo puedan identificar esos tres elementos y llegar a cambiar sus actitudes comunicativas en relación con la interrupción, de forma que sepan usar con habilidad la intervención y la interjección.

La interrupción se define como un acto que distrae, interrumpe o incluso acaba con la corriente de comunicación de las personas. Se entiende por interjecciones las exclamaciones verbales o no verbales, las expresiones, imposibles de describir a veces, tales como «ah», «pero», «justo», «excelente», o un simple menear la cabeza como señal de aprobación o desaprobación.

Las intervenciones son las actitudes más expresivas del grupo. Son oportunas cuando sirven de apoyo, de esclarecimientos que facilitan la buena marcha y la calidad de la comunicación entre los individuos.

Vamos a ilustrar estos tres procesos: Cinco personas planean pasar juntos un fin de semana. Juan, que es el anfitrión, dice a Pablo, que no sabe dónde vive Juan, cómo llegar a su casa. Y le explica: vas hasta el cruce y tuerces en la tercera calle. Pablo le pregunta (intervención): ¿En el cruce, tuerzo a la derecha o a la izquierda? Juan le responde: A la izquierda. Y Pablo (interjección): Bien, es muy fácil. Juan, entonces, continúa: Así que tuerces a la izquierda, avanzas cinco manzanas y encontrarás un semáforo, tú entonces... Roberto (interrupción): Déjalo, Juan, no te molestes, voy yo a buscar a Pablo y vamos juntos. (Roberto no sabía que Pablo iba a tener que ir mucho más tarde y que por eso tenía que informarse bien).

Esta interrupción no solamente engendró confusión, sino que también hizo perder tiempo y fastidió a los demás que también estaban aprovechándose de las indicaciones que Juan daba a Pablo pues tampoco ellos tenían bien clara la situación de la casa... Juan se vio obligado a repetir todas las instrucciones que los demás ya habían captado...

En este ejemplo, la interjección podía haber aparecido de modo diferente, con un movimiento de cabeza de alguno que diera a entender que se estaba comprendiendo, o de cualquier otra forma.

La interjección generalmente no detiene la corriente de ideas o el discurso. El acto de la intervención generalmente mejora la comunicación.

Por ejemplo, uno podría haber dicho que en el cruce de que le hablaba había obras y que en consecuencia le diera otros caminos alternativos por si acaso.

La interrupción, por otro lado, no es una simple intervención en la conversación. Es una verdadera interrupción y muchas veces produce tensión. Una persona, al hablar, cae perfectamente en la cuenta si quien le escucha es o no receptivo. Cuando se nota que los oyentes interrumpen fácilmente o no contribuyen positivamente ni aceptan el diálogo, hay que tomar medidas preventivas que tiendan a evitar interrupciones, como hablar un poco más deprisa, levantar un poco el tono de la voz o decir algo como «sólo un minuto, por favor», «voy a terminar antes lo que estamos diciendo», etc. En resumen, la persona que sabe intervenir efectivamente contribuye a la comunicación; la que interrumpe entorpece y desplaza la atención a planos secundarios.

La comunicación entre las personas no debe acontecer como por casualidad o accidente, sino que, por el contrario, debe ser el resultado de funciones claramente comprendidas por los interlocutores y oportunamente ejercidas. Cada persona debe hacerse responsable de la totalidad del diálogo, intercambiando las diversas funciones según momentos y conveniencias. Todos deben efectivamente escuchar, observar y repartirse los componentes del proceso ofreciendo su contribución personal de manera manifiesta y clara. Facilitar la comunicación significa dar entradas a las intervenciones. Tales intervenciones pueden ser verbales o no y deben ser oportunas, de forma que sumen calidad al diálogo.

Todos deben entender que la persona que interviene efectivamente procura ayudar a una mejor comprensión de las cosas y de las personas. No olvidemos que solamente la buena intervención tiene ese poder.

Distorsiones:

En la transmisión oral, los preconceptos y los prejuicios, las preocupaciones y el sentimiento se integran en el mensaje recibido y se agregan a los malos hábitos para distorsionar lo que se oye. La historia del eclipse de sol que J. R. Whitaker narra en su libro «Técnica de comunicación humana» ilustra las distorsiones provocadas por las deficiencias en la recepción de la escucha.

«El Capitán al Sargento-Ayudante:

— Sargento, como mañana hay un eclipse de sol, ordeno que la compañía esté formada, con uniforme de campaña, en el campo de instrucción, donde daré una explicación en torno a este raro fenómeno que no acontece todos los días. Si, por casualidad, llueve, no podremos ver nada y, en tal caso, mantenga a la compañía dentro del cuartel.

El Sargento-Ayudante al Sargento de día:

– Sargento, por orden de mi Capitán mañana habrá eclipse de sol en uniforme de campaña. Toda la compañía habrá de estar formada en el campo de instrucción, donde el Capitán dará las explicaciones necesarias, cosa que no ocurre todos los días. Si llueve, el fenómeno será el mismo pero dentro del cuartel.

El Sargento de día al Cabo:

– Cabo, nuestro Capitán hará mañana un eclipse de sol en el campo de instrucción. Si llueve, cosa que no ocurre todos los días, no se podrá ver nada. En uniforme de campaña el capitán dará la explicación necesaria, dentro del cuartel.

El Cabo a los Soldados:

– Soldados, mañana para recibir el eclipse que dará la explicación necesaria sobre nuestro capitán, el fenómeno será en uniforme de instrucción. Esto, si llueve dentro del cuartel, lo que no acontece todos los días.»

8
Ejercicio de confianza

Objetivos:

a) Acelerar el proceso de conocimiento mutuo en el grupo.
b) Estudiar las experiencias del propio descubrimiento.
c) Desarrollar la autenticidad en el grupo.
d) Dar a todos la oportunidad de hablar y de escuchar.

Participantes:

De veinticinco a treinta personas.

Tiempo:

Aproximadamente treinta minutos.

Material:

Un número suficiente de papeletas con una pregunta que será respondida en público por cada participante.

Lugar:

Una sala con pupitres.

Proceso:

1. El animador hace una breve introducción hablando sobre el descubrimiento personal y la importancia de este ejercicio para ello.
2. Distribuye una papeleta a cada participante.
3. Uno a uno, todos leen la pregunta de su papeleta y van respondiéndola con toda sinceridad.

4. Al terminar de hacerlo, se tiene un debate abierto sobre el ejercicio realizado.

Posibles preguntas para este ejercicio:

1. ¿Cuál es tu «hobby» preferido? ¿Cómo empleas tu tiempo libre?
2. ¿Qué importancia tiene la religión en tu vida?
3. ¿Qué es lo que menos te gusta?
4. ¿Qué te parece el divorcio?
5. ¿Qué emoción tienes más dificultad en controlar?
6. ¿Qué persona del grupo te resulta más atrayente?
7. ¿Qué comida es la que menos te gusta?
8. ¿Qué rasgo de tu personalidad te define mejor?
9. ¿Cuál es ahora tu mayor problema?
10. En tu infancia, ¿cuáles fueron los mayores castigos o críticas que recibiste?
11. Cuando eras estudiante, ¿en qué actividades participaste?
12. ¿Cuáles son tus mayores recelos respecto a este grupo?
13. ¿Qué queja tienes respecto a tu vivencia grupal?
14. ¿Te gusta tu nombre?
15. ¿A quién del grupo escoges como líder?
16. ¿A quién escoges para ir con él de vacaciones?
17. ¿Prefieres vivir en un piso o en una casa de campo?
18. ¿Qué país te gustaría visitar especialmente?
19. ¿Cuáles son algunas de las causas de la falta de relación entre algunos padres e hijos?
20. Si fueras Presidente del Gobierno, ¿cuál sería tu meta prioritaria?

9

Mini-Clase

Objetivo:

Desarrollar en los participantes la capacidad de improvisación, síntesis, claridad y valorización.

Participantes:

De veinticinco a treinta personas.

Tiempo:

Unos treinta y cinco minutos.

Material:

Preparar tantos temas como participantes.

Lugar:

Una sala amplia como para poder formar un círculo con sillas para cada participante.

Proceso:

Esta mini-clase se hace cuando un grupo tiene dificultades de expresión, está inhibido o es difuso en sus formulaciones y expresiones.

1. El animador entrega a cada uno un tema sobre el que deberá exponer sus propias ideas durante dos o tres minutos.
2. La persona anterior o posterior dará una nota al expositor, aunque no se le comunique hasta el final de todo el ejercicio.
3. La mini-clase admite diversas variaciones tales como:
   a) En lugar de dar un tema a cada participante se le dan algunos pensamientos, para que el expositor se pronuncie sobre ellos comentándoles.
   b) O se puede dar una papeleta en blanco para que cada participante pueda proponer en ella por lo menos dos asuntos de actualidad o noticias recientes de periódicos. Se recogen los asuntos y se distribuyen como vayan saliendo para que cada participante dé su mini-clase escogiendo uno de los temas que constan en su papeleta.
4. Al final todos exponen sus testimonios sobre la experiencia vivida.

10

Cualidades

Objetivos:

a) Concienciar a los miembros del grupo para que sepan observar las buenas cualidades de las otras personas.
b) Que las personas descubran cualidades hasta ahora ignoradas por ellas mismas.

Participantes:

De veinticinco a treinta personas.

Tiempo:

Cuarenta y cinco minutos aproximadamente.

Material:

Bolígrafo y papeletas.

Lugar:

Una sala adecuadamente amplia como para colocar a todos en un círculo, cada uno en un pupitre.

Proceso:

El animador comenzará diciendo que, en la vida diaria, las más de las veces las personas observamos más los defectos que las cualidades de los demás. Ahora todos van a tener la oportunidad de realzar una cualidad de los compañeros.

1. El animador distribuye una papeleta a cada uno. Y cada cual escribe en ella la cualidad que, a su parecer, caracteriza mejor a su compañero de la derecha.
2. La papeleta deberá ser completamente anónima, sin ninguna identificación. Por ello, no deberá constar el nombre de la persona de la derecha, ni se deberá firmar.
3. Luego, el animador pide a todos que doblen la papeleta; se recogen y las redistribuye.
4. Hecha la redistribución, comenzando por la derecha del animador, uno a uno irán todos leyendo en voz alta la cualidad que consta en la papeleta, y la irá asignando, el que la lee, a la persona del grupo a la que, a su entender, se ajusta mejor esa cualidad. Sólo podrá asignársela a una persona. Y deberá manifestar muy brevemente por qué ve él que esa cualidad caracteriza a esa persona.
5. Puede suceder que una misma persona del grupo sea señalada más de una vez como portadora de cualidades; por eso, al final, cada uno dirá públicamente la cualidad que él asignó a la persona de su derecha.
6. Al final, el animador pide a los participantes que den sus testimonios sobre lo vivenciado en toda la marcha del ejercicio.

11

Dramatización

Objetivos:

a) Mostrar el comportamiento de grupo de los miembros participantes.
b) Realizar el «feedback» de un compañero para comprenderle mejor.

Participantes:

De veinticinco a treinta personas.

Tiempo:

Treinta minutos aproximadamente.

Lugar:

Una sala con sillas o pupitres.

Proceso:

1. El animador presenta un asunto a discutir y se comienza el debate.
2. Pasados diez minutos, el animador orienta a los participantes para que, en los próximos diez o quince minutos, cada uno procure identificarse con su compañero de la derecha esforzándose por imitarlo en la discusión.
3. Cada participante intentará obrar exactamente como lo hace su compañero de la derecha, imitando su comportamiento de grupo.
4. Es de la máxima importancia que cada cual consiga identificarse con su compañero.
5. Podrá hacerse este mismo ejercicio, dejando en libertad el que cada cual escoja al compañero con que quiere identificarse; queda entonces a los demás la tarea de reconocerle.

12

Diagrama de integración

Objetivo:

Presentar una ilustración gráfica de cómo se relacionan entre sí los miembros de un grupo.

Participantes:

Aproximadamente veinticinco personas.

Tiempo:

De quince a veinte minutos.

Material:

Papeles y bolígrafos.

Lugar:

Una sala con sillas y una pizarra.

Proceso:

1. El animador distribuirá una papeleta a cada uno para que todos escriban en ella el nombre de «la persona más importante para la buena marcha del grupo»; o también de «la persona del grupo cuyas ideas son más aceptadas».
2. El animador indicará a los participantes que deben firmar su papeleta con letra muy clara.
3. Recogidas las papeletas, se hace un diagrama en la pizarra, marcando con un círculo el nombre de la persona escogida y con una flecha que comienza en el nombre de la persona que escoge y va hasta la escogida. Así, si Pedro fue escogido por Pablo, y si José también escogió a Pedro y María escogió a Pablo, el diagrama mostrará la presentación siguiente:

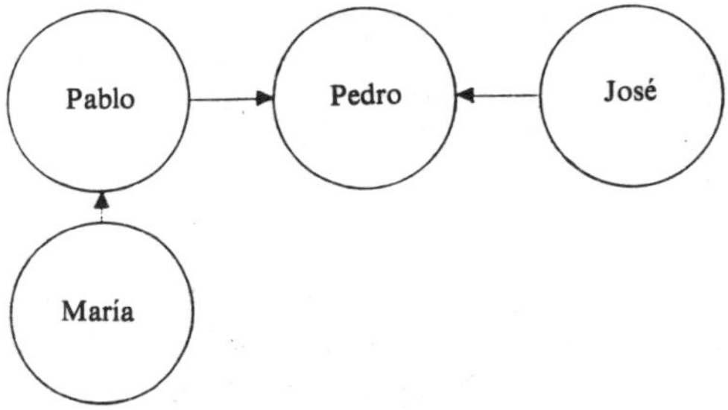

13

Alinearse según la influencia

Objetivo:

Concienciar a los integrantes de un grupo sobre el grado de influencia que ejercen sobre el grupo.

Participantes:

Doce personas más o menos. Es posible formar subgrupos de ese mismo tamaño si el grupo total es mayor.

Tiempo:

Aproximadamente una hora.

Material:

– Tres hojas de papel y bolígrafo para cada uno.
– Cartulinas grandes de tamaño posters.

Lugar:

Espacio suficiente para que se puedan organizar las hileras que sitúen a los participantes de acuerdo con su influencia sobre el grupo. Sillas puestas en círculos, una para cada participante.

Proceso:

Fase primera:

1. El animador pide que los participantes se ordenen en hilera según la influencia que cada miembro ejerce sobre el grupo. En caso de

haber varios subgrupos todos harán el ejercicio simultáneamente. Se hace todo en silencio.

2. Terminada la tarea, el animador escribirá el orden en que han quedado en una de las cartulinas, de forma que todos lo puedan ver.
3. A continuación, se sientan en círculo y se afronta la discusión del ejercicio y la situación en que ha quedado la hilera. El animador podrá hacer algunas observaciones referidas al ejercicio y al comportamiento que han tenido los individuos en su colocación.
4. Hay que reiterar el ejercicio tantas veces cuantas sean necesarias hasta que todos estén satisfechos con el orden de la hilera de acuerdo con la influencia que cada uno ejerce sobre el grupo.

Fase segunda:

1. El animador pide a los participantes que elijan un líder imparcial, explicando que en la votación deberán dar un voto al líder y sucesivamente uno más al siguiente en su estima hasta dar doce votos al que quieran colocar como último. Hacer esta votación de modo inverso dará oportunidad a que los participantes puedan experimentar nuevas sensaciones en este ejercicio.
2. El grupo o los subgrupos pueden debatir entre sí el orden de elección haciendo anotaciones por escrito; disponen para ello de diez minutos.
3. Se hace el recuento de la votación. En caso de empate en algún puesto se reitera el ejercicio hasta llegar al desempate y hasta que el orden corresponda a la influencia que cada uno ejerce en el grupo.
4. Se sigue una discusión del grupo, en torno al impacto que les ha causado el ejercicio.

14

Las dimensiones del liderazgo

Objetivo:

Concretar y tener presentes las responsabilidades y los problemas del liderazgo.

Participantes:

Unos doce. Es posible formar varios subgrupos de ese mismo tamaño y que hagan el ejercicio simultáneamente.

Tiempo:

Una hora.

Material:

Monedas o billetes que se recolectarán entre los participantes.

Lugar:

Sillas colocadas en círculo; un espacio suficiente según los subgrupos que haya.

Proceso:

Este ejercicio puede hacerse a continuación del anterior, pero puede también adaptarse a cualquier otro en el que se ha elegido un líder.

1. El animador pide que el grupo haga elección de un líder que tendrá que recolectar 200 pesetas de cada uno del grupo. A continua-

ción explicará que el líder redistribuirá el dinero, siguiendo un criterio múltiple y variado.

2. El animador solicita la ayuda del grupo para que sugiera criterios múltiples para la redistribución del dinero. Si se quiere, se forman subgrupos. El líder elegido no tomará parte, pero podrá pasar de grupo en grupo para observar. El criterio podrá incluir, por ejemplo, los individuos más votados, los que más influencia tuvieron en la elección al líder u otros.
3. Hechas las sugerencias, es competencia del líder elegido tomar su decisión basándose o no en los criterios que se han apuntado. Todo criterio es válido excepto el de redistribuir el dinero dando a cada uno la misma cantidad.
4. El líder pondrá en marcha la redistribución del dinero explicando el criterio que ha adoptado.
5. Se termina con un debate sobre el ejercicio realizado.

15

Cualidades del líder democrático

Objetivos:

a) Concienciar a los miembros del grupo sobre las cualidades básicas del líder democrático.
b) Posibilitar a los participantes una tarea de grupo en la que consigan unanimidad respecto a las definiciones que caracterizan al líder democrático.

Participantes:

De veinticinco a treinta personas.

Tiempo:

Unos cuarenta y cinco minutos.

Material:

— Bolígrafo.
— Una copia de la relación de las definiciones y cualidades del líder (véase el anejo al final de este ejercicio).

Lugar:

Una sala suficientemente amplia con sillas dispuestas en círculo.

Proceso:

El animador comienza hablando de los tres tipos de líderes: el autocrático, el anárquico y el democrático, poniendo especial énfasis en las cualidades de este último. A continuación:

1. Formará subgrupos de cinco a siete personas.
2. Distribuirá a cada uno una copia de las «Definiciones» y de las «Cualidades» del líder democrático.
3. Solicita, luego, que cada subgrupo consiga llegar a la unanimidad respecto a la definición y a la cualidad correspondiente, colocando el número de la definición al lado de la cualidad.
4. Se forma el grupo grande y en él cada subgrupo lee las conclusiones del ejercicio.
5. El animador podrá escribir en la pizarra o en una cartulina-poster el orden correcto de la correlación entre cualidad y definición (véase al final).
6. Se finaliza aportando impresiones y se hace una evaluación de lo vivido en el ejercicio.

Anejo: Definiciones del líder democrático:

1. Sabe qué hacer sin perder la tranquilidad. Todos pueden confiar en él en cualquier emergencia.
2. Nadie se siente marginado o rechazado por él. Al contrario, sabe actuar de tal manera que todos y cada uno se sienten importantes y necesarios en el grupo.
3. Se interesa por el bien del grupo. No usa al grupo para sus intereses propios.
4. Siempre está dispuesto a atender.
5. Se mantiene sereno en los debates, pero no permite abandonar el deber, lo que hay que hacer.
6. Distingue muy bien entre lo verdadero y lo falso, entre lo profundo y lo superficial, entre lo importante y lo accesorio.
7. Facilita la interacción del grupo, procurando que actúe armoniosamente sin predominios de nadie.
8. Piensa que el bien siempre termina venciendo sobre el mal. Jamás se desanima ante la opinión de aquellos que sólo ven peligro, oscuridad y fracaso.
9. Sabe prever, evita la improvisación. Piensa, incluso, en los menores detalles.
10. Acentúa la posibilidad de que el grupo sepa encontrar por sí mismo las soluciones, sin recurrir siempre a la ayuda de otros.
11. Da oportunidad a que los demás se promuevan y se realicen. Proporciona todas las condiciones adecuadas para que el grupo funcione bien.
12. Hace hacer. Toma en serio lo que se ha de hacer. Obtiene resultados.
13. Es agradable. Cuida de su aspecto personal. Sabe conversar con todos.

14. Dice lo que piensa. Sus acciones se corresponden con sus palabras.
15. Sabe afrontar las dificultades. No huye ni descarga el riesgo en los otros.
16. Busca la verdad con el grupo sin pasar por encima de él.

Cualidades del líder democrático

______________ *Optimista*	______________ *Desinteresado*
______________ *Democrático*	______________ *Sincero*
______________ *Seguro*	______________ *Firme y suave*
______________ *Eficaz*	______________ *Catalizador*
______________ *Animoso*	______________ *Maduro de juicio*
______________ *Disponible*	______________ *Confía en los otros*
______________ *Acogedor*	______________ *Da apoyo*
______________ *Sociable*	______________ *Previsor*

Clave de la respuesta correcta

1. Seguro.
2. Acogedor.
3. Desinteresado.
4. Disponible.
5. Firme y suave.
6. Maduro de juicio.
7. Catalizador.
8. Optimista.
9. Previsor.
10. Confía en los otros.
11. Da apoyo.
12. Eficaz.
13. Sociable.
14. Sincero.
15. Animoso.
16. Democrático.

16

¡Quietos!

Objetivos:

a) Por medio de un test-sorpresa, medir el grado de interés y de participación, la preocupación y la motivación que actualmente tienen los miembros de un grupo.
b) Concienciar al grupo acerca de lo que está ocurriendo a los demás.

Participantes:

De veinticinco a treinta personas.

Tiempo:

Aproximadamente cuarenta minutos.

Material:

Bolígrafo y papeletas en blanco.

Lugar:

Una sala adecuada para la formación de un círculo con pupitres para todos.

Proceso:

La técnica de este ejercicio se utiliza cuando se observa poca integración de grupo, cuando hay bloqueos. Es para obtener una mayor presencia y más consciente y para descubrir la evolución del grupo.

1. En un momento dado, durante una sesión normal, se interrumpe todo, se distribuye una papeleta en blanco a cada participante y el animador pide que todos escriban en pocas palabras lo que en aquel momento les gustaría oír, hablar y hacer en el grupo.
2. Las papeletas se escriben sin firmar.
3. Se las recoge, se las dobla, se las mezcla y se las redistribuye entre todos.
4. Luego, todos, uno por uno, van leyendo en público el contenido de la papeleta que les ha tocado.
5. Al finalizar el ejercicio, se comenta y se aportan los pareceres sobre lo vivenciado.

17

Trabajo en equipo

Objetivo:

Mostrar la eficiencia del trabajo en equipo.

Participantes:

Diversos subgrupos de cinco a siete personas.

Tiempo:

Treinta minutos aproximadamente.

Material:

Una copia para cada participante del texto «Avenida complicada» (véase al final de este ejercicio).
Bolígrafo.

Lugar:

Sala amplia según participantes, con pupitres.

Proceso:

1. La tarea del grupo consiste en encontrar un método de trabajo que resuelva con la máxima rapidez el problema que propone el texto «Avenida complicada».

2. El animador forma subgrupos de cinco a siete personas y entrega a cada participante una copia del texto.
3. Cada subgrupo intenta solucionar el problema del texto, participando todos, poniéndose de acuerdo en el método, aportando sus pistas...
4. Siguiendo las informaciones del texto, la solución final deberá presentar cada una de las cinco casas con sus características de color, su propietario, su coche, su bebida preferida y su animal doméstico.
5. Ganará el subgrupo que primero presente la solución del problema.
6. Al final, cada subgrupo hace una evaluación sobre la participación de cada uno, y del conjunto, en la tarea que han realizado.
7. El animador podrá reunir a todo el grupo grande para hacer con todos comentarios y aportaciones a lo vivido.

Anejo: «La avenida complicada»

La tarea del grupo consiste en encontrar un método de trabajo que pueda resolver lo más rápidamente posible el problema que el texto siguiente nos presenta.
En esta «Avenida complicada» hay cinco casas numeradas: 801, 803, 805, 807 y 809, de izquierda a derecha. Cada casa se caracteriza por un color diferente, por un coche cada uno de una marca, por una bebida preferida y por un animal doméstico distinto en cada casa. Las informaciones que posibilitan la solución son:
—Las cinco casas están localizadas en la misma avenida y en la misma acera.
— El mejicano vive en la casa roja.
— El peruano tiene un coche Mercedes.
— El argentino tiene un cachorro.
— El chileno bebe coca-cola.
— Los conejos están a la misma distancia del Cadillac que de la cerveza.
— El gato no bebe café ni habita en la casa azul.
— En la casa verde se bebe whisky.
— La vaca es vecina de la casa donde se bebe coca-cola.
— La casa verde tiene como vecina a su derecha la casa gris.
— El peruano y el argentino son vecinos.
— El propietario del Volkswagen cría conejos.
— El Chevrolet pertenece a la casa roja.
— Se bebe pepsi-cola en la casa tercera.
— El brasileño es vecino de la casa azul.

– El propietario del Ford bebe cerveza.
– El propietario de la vaca es vecino del dueño del Cadillac.
– El propietario del Chevrolet es vecino del dueño del caballo.

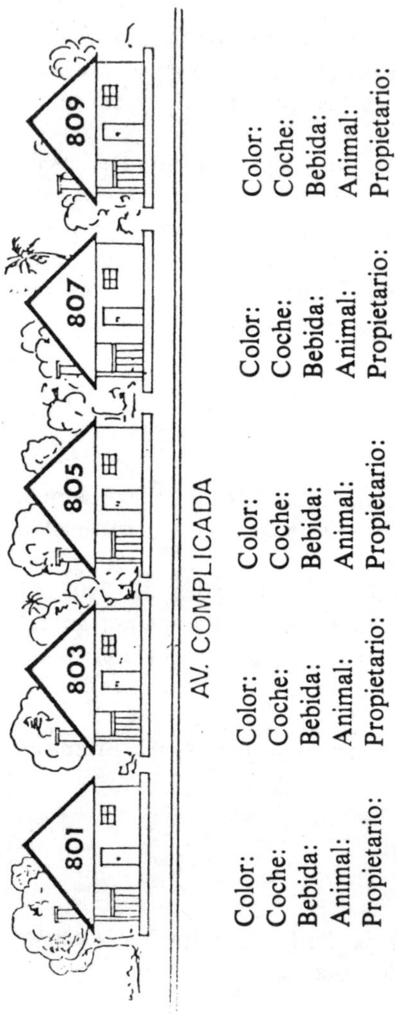

18

Prueba de resistencia ante la presión social

Objetivo:

Crear en la persona la capacidad, el equilibrio y la madurez suficientes para aceptar críticas, superar situaciones cerradas, pesimismos, desánimos, censuras sociales y demás cosas de este tipo.

Participantes:

De veinticinco a treinta personas.

Tiempo:

Unos cuarenta minutos.

Lugar:

Sala amplia para que puedan acomodarse todos en círculo.

Proceso:

Este ejercicio es fuerte y sólo se debe hacer cuando el grupo haya alcanzado un determinado grado de compenetración, aceptación mutua y cuando todos acepten hacerlo.

1. Dos o tres participantes, voluntarios, o escogidos por el grupo, van de uno en uno ante cada participante y le van diciendo todo lo que creen saber de él, sus aspectos positivos y negativos, sus reticencias ante él.
2. Si hay tiempo y verdadero deseo en los participantes, es óptimo que todos lo hagan y construyan así, juntos, tantas fotos de cada uno de ellos cuantos sean los participantes.
3. Este ejercicio admite, entre otras, la siguiente variación: el animador pide que cada participante aporte los aspectos positivos, negativos y las reticencias de su compañero de la derecha.
4. Al final, se hace un resumen y se organiza una rueda de comentarios y vivencias tenidas en el ejercicio.

19

El regalo de la alegría

Objetivos:

a) Promover un clima de confianza personal, de valoración de las personas y de estímulo positivo en el grupo.
b) Dar y recibir un «feedback» positivo en ambiente grupal.

Participantes:

De seis a diez personas que tengan experiencia de vivencias de grupo. Se pueden orientar varios subgrupos simultáneamente.

Tiempo:

Unos cinco minutos por participante.

Material:

Papel y bolígrafo.

Lugar:

Sala con pupitres, según participantes.

Proceso:

1. El animador forma los subgrupos y reparte papel.
2. Luego, hace una breve presentación: Muchas veces apreciamos más un regalo pequeño que uno grande. Otras muchas, estamos preocupados por no ser capaces de realizar cosas grandes y dejamos de lado hacer cosas pequeñas aunque tendrían, quizás, un

gran significado. En la experiencia que sigue vamos a poder hacer un pequeño regalo de alegría a cada miembro del grupo.

3. El animador invita a los participantes a que escriba cada uno un mensaje de ese tipo a cada compañero de su subgrupo, mensaje que tienda a despertar en cada persona sentimientos positivos respecto a sí mismo.
4. El animador presenta sugerencias, procurando animar a todos a que envíen un mensaje a cada miembro de su subgrupo, incluso a aquellas personas por las que puedan no sentir gran simpatía. Respecto al mensaje, les dirá:
   - que sea muy concreto, por ejemplo: «Me gusta cómo ríes cuando...»; y no, por ejemplo, «Me gusta tu actitud», cosa que es demasiado general.
   - que el mensaje sea específico y bien ajustado a la persona a que va, y que no sea válido para cualquiera.
   - que cada uno envíe mensaje a todos, aunque a alguno no le conozca a fondo; en todos podrá encontrar algo positivo.
   - procura decir a cada uno algo que hayas observado en el grupo, sus mejores momentos, sus éxitos; y haz siempre la presentación de tu mensaje de un modo personal: «A mí me gusta en ti...», «Yo veo que tú...».
   - di al otro lo que tú encuentras en él que te hace ser más feliz.
5. Los participantes pueden, si quieren, firmar.
6. Escritos los mensajes, se doblan y se reúnen en una caja, dejando los nombres a quienes se dirigen hacia fuera. Se da a cada uno sus mensajes.
7. Cuando todos hayan leído sus mensajes, se tiene una puesta en común con las reacciones de todos.

20

El trueque de un secreto

Objetivo:

Crear mayor capacidad de empatía entre distintos participantes de un grupo.

Participantes:

De veinticinco a treinta personas.

Tiempo:

Unos cuarenta y cinco minutos.

Material:

Bolígrafo y papeletas.

Lugar:

Una sala con sillas.

Proceso:

1. El animador distribuye una papeleta a cada uno.
2. Los participantes deberán escribir en la papeleta la dificultad que encuentran en la relación y que no les agrada exponer oralmente en público.
3. El animador recomienda que disimulen la letra para que no se sepa quién es el autor.

4. Todos doblan la papeleta de forma idéntica, y una vez recogidas se mezclan y se distribuye una papeleta doblada a cada uno de los participantes.
5. El animador pide que cada uno asuma el problema que ha aparecido en la papeleta que le ha tocado y que lo haga como si él mismo fuera el autor, esforzándose por comprenderlo.
6. Cada uno lee en voz alta el problema utilizando la primera persona «yo» y haciendo las adaptaciones necesarias, aporta su solución.
7. Al explicar el problema a los otros, cada uno deberá procurar personalizarlo, hacerlo vivir...
8. No se permite debate ni preguntas durante la exposición.
9. Al final, el animador podrá dirigir el debate sobre las reacciones, formulando las preguntas siguientes:
   - ¿Cómo te sentiste al describir tu problema?
   - ¿Cómo te sentiste al exponer el problema del otro?
   - ¿Cómo te sentiste cuando el otro relataba tu problema?
   - A tu parecer, ¿comprendió el otro bien tu problema?
   - ¿Consiguió ponerse en tu situación?
   - ¿Crees que tú llegaste a comprender el problema del otro?
   - ¿Cómo te sentiste en relación con los demás miembros del grupo?
   - Como consecuencia de este ejercicio, ¿crees que vas a cambiar tus sentimientos en relación con los otros?

2. El animador da las reglas del ejercicio. No se pueden hacer críticas en todo el ejercicio sobre lo que cada cual diga; cuanto más extremosa sea la idea, tanto mejor, pues lo que se busca es el gran número de ideas que tengan, desde luego, cierta coherencia y viabilidad.

1.ª Fase:

3. El animador presenta el problema a resolver. Por ejemplo: ha naufragado un barco y un superviviente alcanza una isla desierta. ¿Qué puede hacer para sobrevivir y ponerse a salvo? El grupo dispondrá de quince minutos para aportar ideas.

2.ª Fase:

4. Terminado ese tiempo, el animador avisa que comienza la valoración de las ideas y la selección de las mejores; la crítica sigue prohibida.

3.ª Fase:

5. En caso de haber subgrupos, el animador pide que entre todos organicen una lista única de las mejores ideas.

4.ª Fase:

6. En reunión conjunta, se lee la lista y se forma una pirámide cuya base serán las ideas más válidas.

21

La tempestad de ideas

Objetivos:

a) Aportar gran número de ideas o soluciones acerca de un problema evitando críticas o valoraciones hasta el momento oportuno.
b) Presentar los resultados de una sesión de este tipo y las ventajas que puede aportar.

Participantes:

Cualquier número de subgrupos formados por seis personas.

Tiempo:

Aproximadamente una hora.

Material:

Papel y bolígrafo. Una pizarra.

Lugar:

Una sala con sillas o mejor con pupitres.

Proceso:

1. El animador puede poner un ejemplo práctico, breve. Forma luego subgrupos de unas seis personas. Cada subgrupo nombra un secretario que irá anotando todo.

22

La dificultad del consenso

Objetivos:

a) Esclarecer valores y conceptos morales.
b) Provocar un ejercicio de consenso para mostrar su dificultad, principalmente cuando son valores y conceptos morales los que están en juego.

Participantes:

De veinticinco a treinta personas.

Tiempo:

Una hora aproximadamente.

Material:

Una copia del texto «Refugio subterráneo» (véase al final de este ejercicio). Bolígrafo.

Lugar:

Una sala con pupitres.

Proceso:

1. El animador explica los objetivos del ejercicio.
2. Distribuye una copia del texto a cada uno para que cada cual haga su opción personal escogiendo a las seis personas de su preferencia.

3. Se organizan, luego, subgrupos de cinco personas para que realicen su opción de grupo trabajando por llegar al consenso en su decisión.
4. Se forma de nuevo el grupo grande y cada subgrupo relata el resultado de su decisión.
5. Se puede intentar llegar al consenso entre las opciones hechas por cada subgrupo.
6. Se sigue un debate sobre la experiencia vivida.

Anejo: El refugio subterráneo

Imaginad que nuestra ciudad está amenazada de bombardeo. Se aproxima un hombre y os pide una decisión inmediata. Hay un refugio subterráneo que sólo puede cobijar a seis personas. Hay doce que quieren entrar en él. Estas son las características de esas doce personas. Haz tu elección y quédate sólo con seis.

– Un violinista de 40 años, drogadicto.
– Un abogado de 25 años.
– La mujer de ese abogado, de 24 años, que acaba de salir del manicomio. Ambos quieren estar juntos en el refugio o fuera de él.
– Un sacerdote de 75 años.
– Una prostituta de 35 años.
– Un ateo de 20 años, autor de varios asesinatos.
– Una universitaria, que tiene voto de castidad.
– Un físico de 28 años, que sólo acepta entrar en el refugio si puede llevar consigo su pistola.
– Un orador fanático, de 21 años.
– Una muchacha de 12 años, retrasada mental.
– Un homosexual, de 47 años.
– Una mujer de 32 años, con dificultades psíquicas y que sufre ataques epilépticos.

23
Ejercicio de consenso

Objetivos:

a) Ensayar una decisión por consenso.
b) Desarrollar en los participantes la capacidad de participación en la discusión grupal.

Participantes:

De veinticinco a treinta personas. Se pueden orientar simultáneamente varios subgrupos de cinco a siete personas.

Tiempo:

Aproximadamente cuarenta minutos.

Material:

Una copia de «Historia de Marlene» para cada uno (véase al final de este ejercicio). Bolígrafo.

Lugar:

Sala con pupitres.

Proceso:

1. Cada participante recibe una copia del texto y toma su decisión personal empleando en ello unos cinco minutos.
2. Se organizan los subgrupos de cinco a siete personas.

3. Se da a cada subgrupo otra copia del texto en la que pondrán el orden preferencial del grupo.
4. Cada participante procurará defender su punto de vista argumentando con las razones que a él le llevaron a establecer su propio orden preferencial cuando tomó su decisión individual.
5. Terminada la tarea de grupo, se organiza una reunión con todos para comentarios y apreciaciones.

Anejo: Historia de Marlene

El ejercicio que vamos a hacer es un ensayo de consenso. La conclusión unánime es casi imposible. Es preciso, pues, que los participantes sepan considerar la subjetividad de cada uno para que la decisión pueda llegar a producirse.
El texto que vamos a dar narra la historia de una joven en la que cinco personas entran en juego. A ti te toca establecer un orden de preferencia o de simpatía para con esas cinco personas.
En una primera fase cada uno indicará su grado de simpatía para con cada uno de los cinco personajes, colocándolos en orden de uno a cinco, dando el 1 al más simpático para él, el 2 al segundo, etc., hasta el 5 al menos simpático para él.
A continuación, cada uno dará las razones de sus preferencias y teniendo en cuenta todas esas informaciones se procede a hacer un orden que sea consensuado por todo el grupo.

La historia de Marlene:

Los personajes son: Marlene, un barquero, un eremita, Pedro y Pablo. Marlene, Pedro y Pablo son amigos de infancia. Se conocen desde hace mucho. Pablo se quiso casar con Marlene, pero ella le rehusó alegando que estaba enamorada de Pedro.
Cierto día Marlene decide visitar a Pedro, que vive al otro lado del río. Al llegar al río, Marlene pide a un barquero que la pase al otro lado y el barquero le dice que él se dedica a eso, que es su forma de vida y el pan de cada día y que, por tanto, tiene que pagar por ello. Marlene no tiene ni una perra, y le explica al barquero su situación, su gran deseo de verse con Pedro; le ruega, por favor, que la pase al otro lado. El barquero acepta si ella le entrega el abrigo. Marlene duda y decide ir a consultar a un ermitaño que está por allí; le cuenta todo y le pide su consejo. El ermitaño la dice que la comprende muy bien, pero que en ese momento no puede darla consejo alguno, ni siquiera dialogar con ella sobre el asunto; la dice que decida por su cuenta.
Marlene vuelve al río, acepta lo que la pide el barquero, atraviesa el río, va a casa de Pedro y pasa con él tres días muy felices.

La mañana del cuarto día, Pedro recibe un telegrama en el que se le oferta un empleo muy bien remunerado en el extranjero: es lo que él había ansiado desde siempre. Da la noticia a Marlene y la abandona en aquel mismo momento.

Marlene cae en profunda tristeza y decide darse un paseo. Se encuentra con Pablo y le cuenta la razón de su tristeza. Al cabo de un rato, Marlene le dice a Pablo: «Recuerdas que hace tiempo me dijiste que querías casarte conmigo; yo te rechacé porque no me sentía enamorada de ti; pero ahora pienso que sí lo estoy y quiero casarme contigo». Pablo le responde: «Es demasiado tarde. No me interesa ya. No quiero restos del otro».

Mi orden de preferencia es:

En primer lugar:——————
En segundo lugar:——————
En tercer lugar:——————
En cuarto lugar:——————
En quinto lugar:——————

24

La técnica del encuentro

Objetivos:

a) Establecer una comunicación real.
b) Ayudar a que los participantes se hagan conscientes de las verdaderas reacciones de unos para con otros mediante las sensaciones y sentimientos que experimenten en todo su ser.

Participantes:

De veinte a veinticinco personas.

Tiempo:

Depende de las personas que vayan a involucrarse en el ejercicio directamente.

Lugar:

Una sala amplia según el número de participantes.

Proceso:

1. El animador invita a dos personas a que se pongan en pie, una en cada extremo de la sala, en silencio, mirándose a los ojos; van andando lentamente una en dirección a la otra.
2. Sin llevar nada planeado, cuando las dos personas se encuentran muy próximas, han de hacer entre sí lo que en ese momento se sientan impelidas a hacer.
3. Pueden prolongar el encuentro durante el tiempo que quieran.
4. Cuando terminen, prosigue el ejercicio con otras dos personas.
5. Al final de la experiencia, se tiene una rueda de comentarios, no sólo con los que han sido protagonistas, sino también con los que han sido observadores.

25

Técnica de la salida

Objetivos:

a) Liberar de las inhibiciones personales agobiantes.
b) Deshacer el bloqueo de personas que se sienten inmovilizadas e incapaces de desarrollar una actividad o de hacer lo que les gustaría hacer.

Participantes:

Aproximadamente veinticinco personas.

Tiempo:

Variable, en relación con las personas que hagan el ejercicio directamente y con la habilidad que tengan.

Lugar:

Una sala amplia para acomodar a todos en círculo.

Proceso:

1. El animador invita a unas diez o doce personas a formar un círculo apretado con los brazos entrelazados.
2. Luego invita a un participante, a ser posible una persona que sienta inhibición o agobio, a que se sitúe en pie dentro del círculo.
3. Formado el círculo, la persona que está dentro recibe órdenes de que intente salir como sea, por encima, por abajo o rompiendo la cadena de los brazos. Los componentes del círculo intentan al máximo retenerla y no dejar que se rompa el círculo.
4. Después de una tentativa aproximada de unos cinco minutos, se prosigue el ejercicio cambiando la persona que está dentro del círculo por otra.
5. Se termina con un turno de comentarios sobre lo vivenciado.
6. Esta técnica puede ampliarse a una situación en que una persona se siente coaccionada por otra. En este caso, el que supuestamente ejerce la coacción está en pie, detrás de la persona que se supone es la coaccionada y la envuelve con sus brazos sujetándola fuertemente. La persona coaccionada procura, entonces, liberarse.

26

Pulso

Objetivos:

a) Integrar a alguien en el grupo.
b) Hacer desaparecer los sentimientos de apatía de un miembro del grupo.

Participantes:

Puede hacerse con cualquier número de participantes.

Lugar:

Una sala según el número de participantes.

Proceso:

1. El animador ordena a dos elementos que necesitan la integración en el grupo, que intenten ganar el pulso. Apoyados en los codos, los antebrazos levantados, entrelazan las manos en sentido opuesto para hacer fuerza uno contra otro.
2. Los codos deben quedar bien alineados entre sí. Ambos participantes intentan bajar el brazo del otro hasta la superficie plana de la mesa en que se apoyan.
3. Las otras personas del grupo asisten al ejercicio en calidad de observadores para hacer posteriores comentarios.
4. El ejercicio proseguirá en la medida en que haya personas del grupo que necesiten una mayor integración en él.
5. Siguen los comentarios y observaciones acerca del ejercicio.

27
Situación en el espacio

Objetivos:

a) Procurar sentir el espacio, entrar en contacto con los otros miembros del grupo.
b) Relacionarse con los demás.

Participantes:

Cualquier número de participantes.

Tiempo:

Unos quince minutos.

Lugar:

Una sala suficientemente grande para que los participantes puedan moverse con facilidad.

Proceso:

1. El animador pide a todos los participantes del grupo que se aproximen unos a otros sentándose en el suelo o en sillas.
2. Pide que todos cierren los ojos y, extendiendo los brazos, procuren «sentir el espacio del grupo»: todo el espacio que está delante de ellos, el que tienen encima, el que está detrás y abajo. Y a continuación, que se hagan conscientes del contacto con los demás pasando por encima los unos de otros, tocándose, etc.
3. El ejercicio continúa durante unos cinco minutos, en los que el animador tendrá oportunidad de observar las reacciones de los participantes y ver cómo algunos prefieren permanecer fijos en su propio espacio y consideran una intrusión que otros penetren en él. También podrá observar cómo otros se muestran muy remisos en introducirse en el espacio de sus vecinos, temiendo ser desechados, mientras que otros buscan, por el contrario, a las personas y aprecian el contacto físico.
4. Se finaliza el ejercicio recogiendo las reacciones de los participantes, comunicadas ahora verbalmente.

28

Técnica no-verbal de control y mando

Objetivo:

Experimentar sentimientos de dominio o sumisión.

Participantes:

Cualquier número de participantes.

Tiempo:

Depende del número de veces que se repita.

Lugar:

Sala con pupitres, apta para dar cabida a todos.

Proceso:

1. El animador ordena que una o dos personas del grupo se pongan en pie encima de un pupitre y que en esa posición continúen participando en las actividades ordinarias que esté haciendo el grupo.
2. Es importante señalar que esas personas deben hacer lo mandado sin mayores explicaciones.
3. Pasados cinco minutos más o menos, el animador podrá solicitar la reacción de los demás para observar si, de hecho, han tenido la impresión de subordinación y notar, también, cómo esas simples modificaciones espaciales hacen aflorar nítidas sensaciones de comodidad o incomodidad, de aliento o desaliento, etc.
4. El ejercicio puede hacerse, también, poniendo simplemente a una persona en pie mientras todos los demás siguen sentados y con otras variantes de posturas o situaciones.

29

Bombardeo positivo

Objetivo:

Expresar sentimientos positivos de cariño o afecto hacia una persona.

Participantes:

De veinte a veinticinco personas.

Tiempo:

Dos minutos por persona.

Lugar:

Una sala apta para acomodar a todos.

Proceso:

1. El animador comienza explicando cómo el afecto se basa en la formación de vinculaciones emocionales y, generalmente, es la última fase que emerge en la evolución de las relaciones humanas, tras la fase de inclusión y la de control, según la teoría de W. C. Schutz. En la fase de inclusión, las personas se encuentran unas con otras y deciden si continúan o no la relación. En la fase de control, las personas se confrontan las unas con las otras y descubren cuál es la relación que quieren o pueden tener entre sí. Para que la relación pueda proseguir, han de formarse vinculaciones afectivas que deben estrecharse si ha de crearse un vínculo duradero.
2. Hecha esta explicación u otra semejante, el animador pide a los participantes que digan a una persona determinada todos los sentimientos positivos que tienen sobre ella.
3. La persona referida en cada momento sólo escucha; puede seguir en su sitio en el círculo o salir de él y ponerse de espaldas a él.
4. El impacto es más fuerte cuando el que habla se coloca delante de la persona de que habla, la toca, la habla directamente. Es ésta otra forma de realizar este ejercicio.
5. A veces es útil verbalizar lo vivenciado al final del ejercicio, pero en general las emociones son tan intensas que al expresarlas se diluyen y el grupo prefiere no hacer comentarios.

30

Ejercicio de confrontación

Objetivos:

a) Ayudar a las personas a que se confronten con el comportamiento de los otros en términos de ayuda mutua.
b) Estimular la recepción de «feedback» y saber darlo a las personas del grupo.
c) Intercambiar los sentimientos que envuelven el dar y el recibir «feedback».

Participantes:

Veinte o veinticinco personas. Este ejercicio sólo podrá realizarse si los participantes se conocen ya suficientemente; no es apto, por tanto, para los comienzos de un grupo.

Tiempo:

Una hora aproximadamente.

Proceso:

1. El animador comienza ilustrando al grupo acerca del proceso de confrontación y sobre cómo, muchas veces, nuestro comportamiento oprime a las otras personas.
2. A continuación, el animador pide que todos concreten cuál es la persona, en el grupo, ante la que se sienten coaccionados o con dificultades, incluido el animador.
3. Concretada la persona, no conviene cambiar. Luego, uno por uno, van diciendo el nombre de la persona y van describiendo el com-

portamiento que les coacciona, comenzando la interacción con la frase siguiente: «La persona que más me coacciona es...» Y continúa: «Lo que en él me coacciona es...».

4. La persona referida tiene varias alternativas: a) puede permanecer callada, sin reaccionar a las observaciones que se hacen sobre ella; b) puede explorar o explicar su comportamiento coaccionante; c) puede explicar por qué, cree él, que su modo de reaccionar conlleva esa coacción.
5. Los dos que están interaccionándose pueden solicitar la ayuda de los demás, que confirmarán o no las observaciones que ellos están haciéndose.
6. Cuando todos hayan hecho sus observaciones acerca de ciertos comportamientos coaccionantes, posiblemente irán surgiendo más reacciones y el ejercicio continúa. Al final se verbalizan las vivencias.

31

Ejercicio de analogía

Objetivos:

a) Ayudar a penetrar en el mundo interior de una persona.
b) Estimular pensamientos analógicos y asociativos.

Participantes:

De veinte a veinticinco personas.

Tiempo:

Veinte minutos, dependiendo del tamaño del grupo.

Material:

Papel y bolígrafo.

Lugar:

Una sala amplia para acomodar a todos.

Proceso:

1. El animador orientará al grupo explicando cómo el proceso de educación creativa o auto-realización comprende la asociación y combinación de los elementos de la experiencia de maneras nuevas y diferentes. Las asociaciones pueden hacerse en términos de información, de sensaciones o de sentimientos. Todo ello es importante para la actividad creativa. El ejercicio de analogía ayuda a las personas a ejercitarse en el desarrollo y uso más productivo de sus capacidades asociativas.

2. Luego, el animador pide a los participantes que expresen sus reacciones en términos analógicos, escogiendo a una persona que sea bien conocida de todos.
3. Para facilitar las conexiones, el animador puede formular interrogantes como: «¿A qué se parece?», «¿Qué te recuerda?» Y luego, preguntas como éstas: «Si esta persona fuera un color, ¿cuál sería?», o «¿qué clase de comida?», «¿qué país?», «¿qué animal?», «¿qué parte del cuerpo?», «¿qué olor?», etc.
4. El animador indicará que, en cada caso, la respuesta intente expresar la esencia del asunto y no detalles concretos. Por ejemplo, si quiere expresar los rasgos de carácter de una persona muy comedida, asociarlo a un «puré de patatas sin sal».
5. Este ejercicio podrá variar, incluyendo la analogía directa para expresar los sentimientos. Por ejemplo, expresar sentimientos acerca de los miembros del grupo en términos de cosas ordinarias o colores o en términos de cómo le gustaría a uno entrar en contacto con esa persona.
6. Termina el ejercicio con una verbalización en que se pone en común, detalladamente, lo vivenciado.

32
Bloqueo de la creatividad

Objetivo:

Desarrollar la capacidad de perseverar en un trabajo creador.

Participantes:

De veinte a veinticinco personas.

Tiempo:

Quince minutos aproximadamente.

Lugar:

Una sala con pupitres.

Proceso:

1. El animador presenta un asunto a discutir. Los participantes aportan ideas y sugerencias. De pronto, bruscamente, uno previamente concertado, contradice frontalmente una de las afirmaciones de un participante diciendo que sus ideas ni son nuevas ni válidas.
2. La persona contestada, naturalmente, se sentirá interrumpida y reaccionará mostrándose desanimada y fastidiada. El impacto ha sofocado su creatividad. Eso no significa que los otros participantes sólo tengan una reacción de apoyo a su actividad creadora.
3. Es de la mayor importancia que todas las reacciones sean realistas. La gratificación resultante de la capacidad de llevar a cabo una tarea es muy grande. En este sentido es en el que se orientarán los comentarios al final del ejercicio.

33

Reunión no-verbal

Objetivos:

a) Incentivar el uso de otras formas de comunicación distintas a la verbal.
b) Estimular la transformación de sentimientos en actos.

Participantes:

De veinte a veinticinco personas.

Tiempo:

Veinticinco minutos.

Lugar:

Una sala amplia con sillas colocadas de forma distinta a la acostumbrada en el grupo.

Proceso:

1. El animador comienza explicando que los pensamientos y los sentimientos deben expresarse conforme a un estilo determinado: los descubrimientos científicos se escriben en lenguaje técnico; la música se escribe, pero se ejecuta; otros sentimientos creativos se pintan, se cantan, se danzan, se hablan, se representan. Sea como fuere, la persona comunica su experiencia mediante su postura, su cuerpo o mediante una parte de él.
2. A continuación, avisa a todos que, en esta ocasión, no pueden expresarse con palabras escritas ni habladas.
3. Pide luego a los miembros que se mezclen y se relacionen entre sí, sin palabras, durante unos quince minutos.
4. Se termina poniendo en común lo vivenciado y experimentado, ahora sí verbalmente.

34

El juego de los voluntarios

Objetivos:

a) Remover bloqueos emocionales.
b) Desarrollar la toma de conciencia sobre uno mismo y sus propios sentimientos.
c) Desarrollar la sensibilidad y la percepción de otras personas y del mundo circundante.

Participantes:

Veinticinco personas aproximadamente.

Tiempo:

Veinte minutos.

Lugar:

Una sala con sillas, amplia para todos.

Proceso:

1. El animador explica cómo los elementos psicológicos que contribuyen a crear un conflicto en alguien pueden ser representados. A continuación, y para mostrar un método de aumentar el conocimiento interno en un grupo relativamente amplio, solicita voluntarios para participar en una experiencia.
2. Luego, interrumpiéndose, y para ayudar a los participantes a comprender los sentimientos que les llevan a la decisión de presen-

tarse o no como voluntarios, el animador dirá lo siguiente: «En realidad no quiero voluntarios. Lo que quiero es que vosotros os fijéis en la experiencia que acabáis de vivenciar: la de tener que decidir si os presentáis voluntarios o no. Imaginaos dos personas dentro de vuestra cabeza: una os dice que os presentéis y la otra que no. Visualice cada uno la conversación entre esas dos personas, en la que intentan convencerse mutuamente, hasta que una de ellas gana la partida».

3. Terminada esa discusión, el animador manda que confronten a esas dos personas no-verbalmente y vean lo que acontece, cerrando para ello los ojos durante dos o tres minutos e imaginando esa confrontación.
4. Los participantes relatarán, después, sus visualizaciones. A petición del animador, todos procurarán describir cómo eran las dos personas, cómo se hacían oír, su porte, lo que decían, dónde estaban, quién ganó, etc.
5. Las historias individuales esclarecen, generalmente, las consideraciones que entran en conflicto y el proceso de tomar la decisión de presentarse o no.

2.ª Parte

Presentación

En esta segunda parte hay Ejercicios cuyo objetivo es lograr un mayor conocimiento personal y un mejor conocimiento de los demás; una mejor interrelación personal y una mayor integración grupal. Otros, intentan despertar el sentido de la solidaridad, de la confianza mutua, y avivar el descubrimiento de las otras personas; conducen a la maduración de un grupo creando un ambiente de sinceridad y amistad.

Algunas de las técnicas que aquí aparecerán estimulan la interiorización de la propia persona poniéndola en disposición de reconocer sus limitaciones y deficiencias, sus hábitos e inclinaciones negativas. Otras proyectan el lado positivo de la personalidad de cada uno.

Presentaremos también técnicas para dinamizar un grupo al verse puesto en la necesidad de tener que trabajar en equipo o de lograr un consenso; no podrá cerrarse sobre sí mismo y cada persona podrá crecer dentro del grupo, a la vez que el mismo grupo podrá influir en la transformación del ambiente al promocionar en esa dirección a las personas que lo componen.

Lo importante para quien vaya a usar estas técnicas, es que antes las haya vivenciado y haya sentido sus efectos transformadores. Por eso nos parece que no tiene especial sentido un Curso sobre los meros contenidos técnicos de la Dinámica de grupos y de las Relaciones humanas. Lo verdaderamente necesario es que sea un Curso práctico cuya orientación sea la modificación de las actitudes, del comportamiento de las personas y de sus relaciones interpersonales. Lo verdaderamente necesario es desinstalar a la persona de su individualismo, de su egoísmo y ponerla en relación con los demás. El hombre es esencialmente un *ser-con,* un ser en relación con los demás, un ser que depende de los demás para realizarse, para madurar; un ser, también, que sufre la presión de los demás. En general, tenemos muy poca conciencia de todas esas realidades y no la adquirimos a través de conceptos teóricos, sino a través de vivencias que modifican nuestras mentalidades.

Por eso los grupos tienen mucha influencia en nuestros modos de aprender. Aprendemos mejor y más rápidamente en grupos. Gran parte de nuestras convicciones, actitudes y sentimientos les hemos adquirido en nuestras relaciones grupales. Por el mero hecho de formar parte de un grupo modificamos muchas veces nuestros objetivos. La experiencia grupal actúa sobre nosotros de tal forma que llega a modificar nuestros modos habituales de vida, de trabajo e incluso los objetivos de nuestra propia vida.

Las relaciones que mantenemos en el grupo nos pueden servir, no pocas veces, como un espejo en el que se refleja nuestra verdadera personalidad. Nuestra autoestima aumenta cuando percibimos que nos parecemos a nuestros semejantes. Pero hay más todavía: en la vida en grupo encontramos ayudas y apoyos reales sin los que en ocasiones no podríamos sobrevivir. Esto es palpable cuando nos toca vivir situaciones de mucha tensión o tiempos en los que tenemos que afrontar cambios importantes. El grupo tiene también una real influencia sobre nuestras decisiones y sobre las posturas que adoptamos cuando nos vemos situados ante alternativas.

Al aplicar las técnicas y ejercicios que van a seguir no se pretende solucionar los problemas que hayan surgido o puedan surgir. Su objetivo es despertar en las personas la conciencia de que esos problemas existen; corresponderá, luego, a la responsabilidad personal de cada cual encararlos y procurar darles la solución más apta.

Al animador del grupo le pertenece esclarecer las situaciones, conducir a las personas a interiorizar sus problemas, provocar una sincera reflexión, despertar la solidaridad grupal y crear un ambiente de comprensión y de mutua aceptación, de auténtica fraternidad y acogida, de forma que cada uno, estando psicológicamente apoyado, pueda encontrar respuestas positivas a sus inclinaciones naturales a la seguridad, al propio reconocimiento y a su aceptación y valoración personales.

Yo soy importante y tengo mi propio valor

A pesar de que mi máquina de escribir es de un modelo bastante antiguo, funciona francamente bien, a excepción de una tecla. Tiene 42 teclas que funcionan estupendamente; pero una no marcha; y eso lo cambia todo.

Tenemos que tener cuidado de que nuestro grupo sea como una máquina de escribir en la que todas las teclas hagan bien su trabajo.

Nadie tiene derecho a pensar: «Bueno, al fin y al cabo, yo sólo soy uno, y mi actuación no supondrá diferencia alguna para el conjunto del grupo».

Es evidente que, para que un grupo pueda caminar eficientemente, necesita de la participación activa de todos y cada uno de sus miembros.

Siempre que te venga a la cabeza el pensamiento de que no necesitan de ti ni de tu buen funcionamiento, acuérdate de mi vieja máquina de escribir y dite a ti mismo: «Yo soy una de las teclas importantes en nuestras actividades y mis servicios son muy necesarios».

35

Nombres nuevos

Objetivo:

Suavizar el problema de los estereotipos que suelen sufrir los componentes de un grupo y de juicios y concepciones previas que a veces aprisionan a los individuos.

Participantes:

Cualquier número es válido.

Material:

Una lista con nombres masculinos y femeninos, si el grupo es mixto.

Lugar:

Una sala acomodada al número de participantes.

Proceso:

El animador explica cómo, para que se desarrolle mejor la espontaneidad en un grupo compuesto por personas que todavía no se conocen, puede ser una buena oportunidad, que ayuda a liberarse de las expectativas que crea la propia identidad de cada uno, el adoptar un nombre nuevo, ponerse de acuerdo en no hablar de los antecedentes de cada uno (como su oficio u ocupación, lugar de nacimiento, etc.), por lo menos en los primeros encuentros que se realizan. Ciertas profesiones como sacerdote, religioso, médico, enfermera, profesor, etc., parecen exigir ciertos tipos de comportamiento y despiertan reacciones muy estereotipadas. Así pues:

1. Antes de que tengan oportunidad de irse conociendo, cada integrante del grupo va a adoptar un nombre nuevo y en el desarrollo de los trabajos del grupo sólo se le conocerá por ese nombre.
2. Existen distintas maneras de distribuir los nombres. Una de ellas es tener preparada la lista de nombres y asignar a cada uno, al azar, un nombre. Otra, es que cada uno vaya pasando delante del grupo y unos y otros vayan haciendo algunas sugerencias de nombres hasta que uno de los nombres satisfaga tanto al interesado como al grupo en su conjunto. Otra manera, es que cada participante sea quien escoja el nombre en el que él vea alguna connotación que le resulte sugerente o contenga alguna aspiración que él desee alcanzar.
3. Es bastante normal que algunos deseen cambiar esos nombres durante la marcha del grupo o volver más tarde a sus verdaderos nombres o, en un momento dado, quieran revelar su propia identidad o conocer la de algún otro miembro del grupo.

36

Conocimiento personal: El gráfico de mi vida/1

Objetivos:

a) Proporcionar a todos los participantes la oportunidad de hacer un «feedback» de su vida.
b) Que todos puedan expresar al grupo sus vivencias y sentimientos.

Participantes:

De ocho a diez personas. Se pueden hacer varios subgrupos simultáneamente.

Tiempo:

Treinta y cinco minutos aproximadamente.

Material:

Hojas de papel en blanco y bolígrafos.

Lugar:

Una sala apropiada al número de participantes, con pupitres.

Proceso:

1. El animador comienza explicando los objetivos de este ejercicio. Distribuye, luego, una hoja en blanco a cada participante. Cada uno dibuja una línea que mediante ángulos y curvas represente hechos de su propia vida. Tales hechos pueden limitarse a un determinado período de su vida, por ejemplo, a los tres últimos meses, o a los seis o al último año transcurrido.
2. El gráfico puede expresar vivencias o sentimientos de tipo religioso, familiar, grupal o social...
3. A continuación, cada uno irá exponiendo al grupo su propio gráfico y explicando sus puntos más importantes.
4. Se termina haciendo los comentarios, aclaraciones y testimonios que los participantes quieran aportar sobre lo vivenciado en el ejercicio.

37
El gráfico de mi vida/2

Objetivos:

a) Representar gráficamente los hechos más importantes de la propia vida de cada uno.
b) Representar gráficamente la situación en que cada participante se encuentra en el momento actual, en relación con la familia, el grupo, la sociedad, etc.

Participantes:

De ocho a diez personas. Se pueden hacer varios subgrupos simultáneamente.

Tiempo:

Treinta y cinco minutos aproximadamente.

Material:

Hojas de papel en blanco y bolígrafos.

Lugar:

Una sala apropiada al número de participantes, con pupitres.

Proceso:

1. El animador explica los objetivos del ejercicio. Distribuye, luego, una hoja en blanco a cada participante. Cada uno dibuja una línea graduada de 0 a 100 y señala en ella el lugar en que se encuentra

en este momento en relación con la familia, con el grupo, con la sociedad, etc.

2. Puede, también, cada participante expresar y dibujar prospectivas: es decir, cómo piensa que va a ser su vida de aquí a diez años, por ejemplo, en las diversas áreas.
3. A continuación, cada uno irá exponiendo al grupo su gráfico y explicando los motivos de las posiciones que ha marcado.
4. Se termina haciendo los comentarios, aclaraciones, testimonios e intercambios de ideas sobre la experiencia vivida.

OTROS MODELOS:

1. Describir los cinco acontecimientos más significativos de la propia vida y presentarlos al grupo en su orden de importancia.
2. Describir con diez palabras los trazos de su propia personalidad que más marcan su vida.
3. ¿Qué epitafio te gustaría poner en tu propia tumba?

38

Cosme y Damián se dan a conocer

Objetivos:

a) Ayudar a los miembros de un grupo a conocerse con cierta facilidad y de un modo que no les resulte amenazador.
b) Explorar los sentimientos que se originan al «ponerse en el lugar del otro».
c) Explorar las dimensiones de un breve encuentro.
d) Enfatizar la necesidad de saber escuchar cuidadosamente durante una conversación.

Participantes:

Unas veinticinco personas.

Tiempo:

Unos diez o doce minutos para el primer encuentro en binas; y otros dos minutos por persona para la segunda fase del ejercicio en la que hay que presentar al otro.

Lugar:

Una sala suficientemente amplia para que puedan formarse todas las binas por separado, con pupitres.

Proceso:

1. El animador forma binas, que durante unos diez minutos van a realizar un trabajo de mutuo conocimiento. En esta entrevista van

a procurar conocerse el uno al otro, evitando los datos meramente demográficos (como lugar de nacimiento, etc.) o meramente funcionales (como el trabajo al que se dedican): se trata, por el contrario, de captar características personales de cada uno. Este ejercicio se orienta, también, a «saber oír»; por eso conviene asegurarse de que uno está entendiendo bien, usando, por ejemplo, el ejercicio de repetición: «Entiendo que lo que me estás diciendo es...»

2. Al cabo de unos diez minutos, se forma todo el grupo grande y cada uno va presentando a su compañero de bina. El que hace la presentación está de pie detrás de la persona a la que está presentando y al hablar usa la primera persona, como si realmente fuera la misma persona la que se está presentando. El que está siendo presentado no puede intervenir mientras dura la presentación que hace el otro; podrá hacerlo al final del ejercicio.
3. Cuando termina esta presentación de todos, el animador coordina una intervención general de todos, en la que cada cual puede puntualizar, pero sobre todo, debe centrarse en manifestar lo que ha sentido durante el ejercicio.

39

Conocimiento personal

Objetivo:

Procurar formar la propia identificación personal.

Participantes:

De veinticinco a treinta personas.

Tiempo:

Cuarenta y cinco minutos.

Material:

Servilletas de distintos colores.

Lugar:

Una sala con pupitres.

Proceso:

1. El animador pide a los participantes que durante unos cinco minutos procuren concentrarse, cerrando los ojos e intentando interiorizarse y tomar conciencia de sus propios sentimientos en esos momentos.
2. Pasado ese tiempo, cada uno escoge una servilleta relacionando el color que escoge con los sentimientos que tiene en esos momentos.

3. Se forman, luego, subgrupos siguiendo los colores de las servilletas; serán, por tanto, grupos desiguales en número.
4. En cada subgrupo, cada persona explica a los demás la relación que vio entre sus sentimientos y el color que eligió. Esto puede durar unos veinte minutos.
5. Vuelven a separarse todos los subgrupos y el animador pide que cada uno intente expresar, ahora, sus sentimientos mediante una forma determinada que dé a su servilleta. Lo importante no es que se logre dar una forma muy exacta a la servilleta, sino lo que esa forma representa para la persona que la da.
6. Se vuelven a formar subgrupos, juntándose ahora los que han dado formas más parecidas a sus servilletas, y durante otros veinte minutos, cada uno explica a los de su subgrupo el significado de la forma que él ha dado a la servilleta.
7. Reunidos de nuevo todos, se tienen los comentarios sobre las vivencias tenidas en el ejercicio.

40

Técnica de penetración

Objetivos:

a) Vivenciar el deseo de merecer consideración e interés.
b) Sentir la alienación, el aislamiento, la soledad y la sensación de estar excluido de un grupo.

Participantes:

Puede participar cualquier número de personas.

Tiempo:

Unos quince minutos.

Lugar:

Una sala apropiada al número de participantes.

Proceso:

1. El animador escoge unas cinco o siete personas que quedarán identificadas como «de dentro»; éstas se pondrán en pie en el centro de todo el gran grupo y formarán un círculo bien apretado entrelazando sus brazos; es lo mismo que queden mirando para dentro que para fuera.
2. El animador escoge, luego, a otra persona que va a ser «el intruso»: éste intentará penetrar en el círculo de los otros como sea, mientras que los del círculo intentarán que no lo logre.
3. El «intruso» intentará abrir el círculo y hacerse un lugar en él junto a los demás como un miembro más de él. El animador puede hacer que se añada otro «intruso» ya que este papel de «intruso» suele despertar fuertes niveles de empatía.
4. Para finalizar el ejercicio, los «intrusos» y todos los demás que actuaron como observadores, harán sus comentarios acerca de la experiencia que han realizado u observado. Es importante observar si los «intrusos» intentaron penetrar usando la fuerza o el diálogo.

41

Técnica del empujón

Objetivos:

a) Aclarar los sentimientos que pueden existir entre dos personas.
b) Aumentar el compromiso de las personas, ayudándolas a desinhibirse.

Participantes:

Cualquier número de personas.

Tiempo:

De diez a quince minutos.

Lugar:

Una sala según el número de participantes.

Proceso:

1. El animador escoge a dos participantes y les coloca en el centro del grupo, de pie, frente a frente; ambos extienden los brazos, juntan las palmas de sus manos y entrelazan los dedos con los de la otra persona.
2. En esa posición, las dos personas comienzan a empujarse, intentando cada uno hacer retroceder al otro. Los demás observan las acciones y reacciones.
3. Al cabo de un par de minutos, el animador señala a otros dos que hagan lo mismo. Y así sucesivamente.
4. Se termina el ejercicio, poniendo en común las observaciones y comentarios de todos, tanto de los que han hecho el ejercicio como de los observadores.

42

Conocimiento personal en relación a otro

Objetivo:

Desarrollar la conciencia de uno mismo en relación con las demás personas.

Participantes:

De veinticinco a treinta participantes.

Tiempo:

Alrededor de treinta minutos.

Lugar:

Una sala con pupitres capaz de acomodar a todos los participantes.

Proceso:

1. El animador indica a los participantes que, en silencio, vayan formando subgrupos, que sea un número par de subgrupos, con personas hacia las que se sienten atraídos o experimentan mayor afinidad.
2. Durante unos cinco minutos cada subgrupo relata a otro subgrupo las razones de su mutua atracción, procurando especificar las bases sobre las que se asienta.
3. Pasado el tiempo, el animador indica a los participantes que formen nuevos subgrupos, que también han de ser número par, y que, en silencio, se vayan uniendo ahora con personas con las que no creen tener afinidades sino ser muy diferentes.
4. Nuevamente cada uno de estos subgrupos relata a otro los motivos de las diferencias que ellos ven que existen entre ellos.
5. Pasado ese tiempo, el animador indica que de nuevo se vayan uniendo en subgrupos, pares, con personas con las que no se sienten a gusto.
6. Igualmente, durante unos cinco minutos, cada subgrupo relata a otro las razones del disgusto en que se sienten unas personas con otras.
7. Se termina con una reunión general en la que se hacen comentarios sobre lo vivenciado en las diversas fases de este ejercicio.

43

Integración en un grupo hostil

Toda persona que trabaja con grupos tiene que afrontar, no raras veces, el hecho de encontrarse con un grupo hostil. Esa hostilidad puede tener orígenes muy diversos, como:

- cuando los participantes no desean asistir a esos cursos;
- cuando están ahí simplemente porque les han enviado sus jefes o superiores, pero contra su propia voluntad;
- cuando el grupo abriga prejuicios contra el curso o contra los profesores o animadores;
- cuando el grupo tiene una mentalidad ya formada, dando por cierto que no tiene nada nuevo que aprender y sintiéndose autosuficiente;
- cuando las personas se sienten como saturadas de cursos, congresos, seminarios, reuniones...
- cuando las personas que hacen el curso creen que se las va a obligar a cambiar sus comportamientos, sus modos de pensar o sentir.

Ante un grupo en el que predominan elementos negativos de este tipo, se puede aplicar el siguiente ejercicio:

Objetivos:

a) Crear en el grupo, considerado hostil, un clima positivo.
b) Integrar un grupo que se resiste a entrar en los ejercicios.

Participantes:

Cualquier número de personas.

Tiempo:

Una hora aproximadamente.

Materiales:

Una pizarra o varias cartulinas de 1 m × 0,50 m. Bolígrafos. Hojas en blanco.

Lugar:

Una sala amplia según el número de participantes.

Proceso:

1. El animador, viendo que los participantes muestran en su mayoría resistencia a hacer el curso, cosa fácilmente observable por el modo de agruparse, actitudes, distancia del animador, etc., les pide que formen subgrupos de tres personas con los que estén más cerca.
2. Distribuye a cada subgrupo una hoja en la que deberán responder a esta pregunta: Cómo os sentís aquí. Cada subgrupo hace una lista de sus razones y apreciaciones al respecto.
3. Luego, el animador invita a cada subgrupo a leer su lista, que se irá escribiendo en la pizarra o en la cartulina, señalando los puntos que se consideren positivos y los que se consideren negativos.
4. A continuación, se hace a los mismos tríos esta otra pregunta: Cómo os sentís respecto a mi presencia aquí.
5. De nuevo leen las respuestas y se las va escribiendo en la pizarra o en la cartulina, señalando también las positivas y las negativas.
6. Se pasa a la tercera pregunta: Cómo os sentís respecto a la persona que os envió a este curso. Se leen las respuestas y se las escribe como antes, señalando también lo positivo y lo negativo.
7. Se termina con una sesión plenaria en la que se analizan las respuestas que se han dado a las tres preguntas. Generalmente se puede observar que en las respuestas a la primera pregunta predominan los aspectos negativos y en las respuestas a la segunda y tercera aparecen más aspectos positivos, cosa que demuestra que se ha producido un cambio de clima en el curso y que hay posibilidades de una mayor integración.

44

Eficiencia del trabajo en equipo: La carrera de coches

Objetivos:

a) Poner de manifiesto rapidez en el trabajo en equipo.
b) Desarrollar la agilidad mental y la capacidad de raciocinio.
c) Desarrollar la imaginación y la creatividad.

Participantes:

Varios subgrupos de cinco a siete personas cada uno.

Tiempo:

Unos veinte minutos.

Material:

Una copia para cada uno del texto «Carrera de coches», que está al final de este ejercicio. Bolígrafos.

Lugar:

Una sala con pupitres, capaz según el número de participantes.

Proceso:

1. Cada subgrupo deberá resolver lo más rápidamente posible el problema de la «Carrera de coches» conforme se plantea y explica en la hoja que se dará a cada participante.

2. Se lee en voz alta el contenido de la hoja y se forman los diversos subgrupos. Comienza el trabajo que debe hacerse en colaboración, participando todos los miembros del subgrupo.
3. Siguiendo las informaciones constantes de la hoja, la solución final deberá presentar el orden en que están dispuestos los coches y sus colores respectivos.
4. Gana el subgrupo que presente el primero la solución.
5. Terminado el ejercicio, cada subgrupo evaluará el grado de participación de sus miembros en el trabajo grupal que han realizado.
6. Se puede terminar con una sesión conjunta de todos los subgrupos para hacer comentarios y aportar testimonios de lo vivenciado en el ejercicio.

Texto «Carrera de coches»:

Hay ocho coches de marcas y colores diferentes, que están alineados para salir en carrera. Hay que establecer el orden en que están dispuestos, basándose en las siguientes informaciones:

1. El Ferrari está entre los coches rojo y ceniza.
2. El coche ceniza está a la izquierda del Lotus.
3. El McLaren es el segundo a la izquierda del Ferrari y el primero a la derecha del coche azul.
4. El Tyrrell no tiene ningún coche a su derecha y está a continuación del coche negro.
5. El coche negro está entre el Tyrrell y el coche amarillo.
6. El Shadow no tiene ningún coche a su izquierda; y está a la izquierda del coche verde.
7. A la derecha del coche verde está el March.
8. El Lotus es el segundo a la derecha del coche crema y el segundo a la izquierda del coche marrón.
9. El Lola es el segundo a la izquierda del Iso.

(Solución al problema):

1. El Shadow, azul.
2. El McLaren, verde.
3. El March, rojo.
4. El Ferrari, crema.
5. El Lola, ceniza.
6. El Lotus, amarillo.
7. El Iso, negro.
8. El Tyrrell, marrón.

45

Construcción de grupos

Objetivo:

División de un grupo grande en subgrupos de trabajo para aumentar la cohesión y la identidad.

Participantes:

El ejemplo con el que vamos a trabajar es de 32 personas, que se pueden subdividir en grupos de cuatro y sale un número par de grupos.

Tiempo:

Unos treinta minutos.

Lugar:

Sala con sillas que se muevan fácilmente.

Proceso:

1. El animador numera a todos los participantes, a la mitad de ellos con el número 1 y a la otra mitad con el número 2.
2. Los 1 se colocan a un lado de la sala y los 2 en el lado opuesto.
3. Los 1 escogen, cada uno, a un número 2. En la medida de lo posible deben escoger a personas desconocidas.
4. Tenemos ahora dos subgrupos de ocho parejas cada uno. Se coloca cada bloque a un lado de la sala.
5. Cada bina de un lado, tras una breve consulta entre sí, invita a una bina del otro lado a formar grupo con ella. La invitación no puede ser rechazada. Se forman de este modo ocho cuartetos.
6. Estos cuartetos disponen de tres minutos para deliberar entre sí a qué otro cuarteto del lado opuesto les gustaría integrar con ellos.
7. Los cuartetos comienzan a hacer efectivas sus invitaciones a los cuartetos del otro lado. Ahora sí puede rechazarse la invitación. Si ocurre eso, otro cuarteto formula su invitación hasta que todos queden integrados en subgrupos de ocho. Estos subgrupos estarán ahora en buenas condiciones para trabajar juntos. Las decisiones por las que han ido pasando les habrán aportado cohesión y sentido de pertenencia, al haber aceptado la invitación recibida o al haber visto que los otros aceptaban la invitación que ellos les hicieron.

46

Engañando al grupo

Objetivo:

Centrar la atención en la confianza o desconfianza, en la honestidad o deshonestidad que se producen, como medidas defensivas, en las relaciones interpersonales.

Participantes:

Unas veinticinco personas.

Tiempo:

Unos treinta minutos.

Material:

Hojas de papel y bolígrafos.

Lugar:

Una sala con pupitres.

Proceso:

1. El animador selecciona a cuatro o cinco personas que van a contar a todos tres incidentes que les ocurrieron en su infancia. Tales incidentes pueden ser verdaderos o falsos todos ellos, uno verdadero y dos falsos, dos verdaderos y uno falso. Los narradores hacen el relato del modo que ellos quieran, procurando no dar pista alguna de qué relatos son verdaderos y cuáles falsos o inventados.

2. Los demás deben adivinar cuáles son verdaderos y cuáles falsos. Cada uno irá anotando en su papel los incidentes que cree verdaderos y los que cree falsos.
3. Tras el relato de todos los incidentes, los relatores dicen los que eran verdaderos y los que eran falsos. Y cada participante va anotando las veces que ha sido engañado por los relatores. Se puede hacer un resumen en una pizarra de la frecuencia de engaños sufridos.
4. El ejercicio prosigue contestando cada uno a estas preguntas:
   - ¿Cómo se han sentido los relatores ante la alternativa de su disposición a decir la verdad y el intento de echarle fantasía para encubrir una mentira?
   - ¿Cómo se han sentido cuando estaban intentando engañar al grupo?
   - ¿Qué estrategia adoptaron?
   - ¿Cómo se han sentido los demás participantes al saber que han sido engañados por los relatores? ¿Y cuando han comprobado que no han sido engañados?
   - ¿Por qué algunos participantes se han dejado engañar más fácilmente que otros?
   - Recuerde cada uno ocasiones en que ha sido engañado o ha engañado a otros. ¿Qué sintió entonces?
5. Se termina con una puesta en común de las respuestas a estas preguntas y de las vivencias tenidas durante el ejercicio.

47

Técnica de presión

Objetivos:

a) Esclarecer los sentimientos de poder-dependencia-competición entre los participantes.
b) Vivenciar las emociones interpersonales de hostilidad y competición.

Participantes:

Cualquier número de personas.

Tiempo:

De tres a cuatro minutos por bina que participe activamente en el ejercicio.

Lugar:

Sala apropiada al número de participantes.

Proceso:

La presión es un método eficaz en el caso de dos personas cuya relación contenga elementos negativos no resueltos.

1. El animador coloca a dos personas, frente a frente, en el centro del grupo.
2. Y da a ambos la siguiente instrucción: «Uno de vosotros colocará sus manos en los hombros del otro y presionará hacia el suelo. Puede usar el método que quiera para intentar derribarlo; pero el otro puede intentar resistir o hacer lo que le parezca. Luego le ayudará a ponerse en pie; y el otro, de nuevo, se prestará a la ayuda o se resistirá a ella según él lo desee».
3. Cuando termina el ejercicio, se invierten los papeles en la bina y se repite todo del mismo modo. Y luego se hace con otras parejas. Los demás participantes hacen de observadores de las reacciones de uno y otro.
4. Tanto los que han actuado como los observadores, ponen en común sus observaciones y reacciones.

48

Expectativas de participantes y animadores

Objetivos:

a) Promover entre los participantes y los animadores la oportunidad de examinar y discutir sus mutuas expectativas y sus apreciaciones sobre el programa de entrenamiento y ejercicios que están llevando.
b) Reducir distancias entre participantes y coordinadores.

Participantes:

Subgrupos de seis o siete personas; puede haber varios simultáneamente.

Tiempo:

Una hora aproximadamente.

Material:

Hojas en blanco y bolígrafo.

Lugar:

Sala acomodada al número de participantes.

Proceso:

1. El animador pide que cada subgrupo intente presentar mediante un dibujo:
   a) Cómo se ven ellos mismos como participantes de un grupo.
   b) Cómo ven a los animadores del grupo.

   Los animadores, a su vez, forman otro subgrupo e intentan lo mismo, con el mismo método del dibujo:
   a) Cómo se ven ellos mismos como animadores de grupo.
   b) Cómo ven a los participantes del grupo.

   Unos y otros tienen quince minutos para realizar esta tarea.
2. Cada subgrupo nombra a uno de sus miembros para que sea el que presente en el plenario el dibujo del grupo.
3. Terminadas ambas tareas, hacer el dibujo y presentarlo en plenario; se tiene un tiempo para hacer comentarios e intercambiar opiniones sobre el ejercicio realizado.

49

Restablecimiento de la confianza

Objetivos:

a) Mejorar la confianza mutua.
b) Restablecer la confianza.

Participantes:

Varias binas simultáneamente.

Tiempo:

Treinta minutos aproximadamente.

Lugar:

Una sala amplia en la que puedan realizarse con facilidad movimientos entre diversos obstáculos que previamente se habrán colocado.

Proceso:

Se trata de un ejercicio no-verbal, que es muy útil si se hace con seriedad.

1. El animador explica los objetivos del ejercicio y la técnica que tiene: una persona irá conduciendo a otra a través de obstáculos.
2. Se forman las binas. A una de las personas se le tapan los ojos con una venda.

3. El que conduce al «ciego» coloca su mano en el hombre del otro y le va conduciendo en silencio, entre los obstáculos que hay por la sala.
4. Especialmente el «ciego» debe prestar mucha atención a las reacciones y sensaciones que va teniendo.
5. Luego, se intercambian los papeles en la bina y se repite el ejercicio. Se puede cambiar el lugar o forma de los obstáculos.
6. Cuando se termina, se tiene un tiempo amplio para intercambiar ideas sobre la experiencia vivida. Cada uno expresará sus reacciones y sensaciones, procurando responder a las siguientes preguntas: ¿Qué impresión me hizo el tener que ser conducido? ¿Opuse resistencia a mi compañero? ¿Iba confiado o desconfiado? ¿Cómo experimenté las reacciones que pude captar en mi compañero? ¿Cómo me sentía?

   Se ponen, también, en común los sentimientos que ha producido la experiencia: ¿Esta experiencia va a ayudarme a mejorar mis relaciones? Cada uno relaciona, también, estos sentimientos con su proceso de comunicación con sus compañeros, y hace alguna relación de lo vivido con el proceso de comunicación y con el modo de relación que tiene con las personas. ¿Necesitas mejorar tu confianza en los demás? ¿Qué te ha parecido lo mejor de este ejercicio?

50
Esclarecimiento de valores

Objetivos:

a) Mostrar que la concepción que se tiene de los valores varía según las personas.
b) Que los participantes tomen conciencia del problema de la existencia de valores diferentes.

Participantes:

Ocho o diez personas; se pueden tener varios subgrupos de ese número aproximado, simultáneamente.

Material:

Papel en blanco y bolígrafo. Unas hojas con tres frases escritas.

Lugar:

Una sala con pupitres.

Proceso:

1. El animador explica el ejercicio y distribuye una hoja a cada participante con tres frases, entre las que va a escoger la que le parezca más importante. Las tres frases pueden ser, por ejemplo:
   . Ser generoso con los demás.
   . Ser jefe de uno mismo.
   . Tener amigos comprensivos.
2. Hecha la elección, se forman subgrupos en los que se reúnen las personas según la elección de frase que han hecho. Ponen en común las razones de su opción.
3. Tras unos diez minutos, se reúnen todos y se exponen ante todos las razones de la elección de las diversas frases.
4. Finalmente, se tiene un tiempo para aportar testimonios sobre la experiencia vivida en el ejercicio.

Otros tipos de frases:

. Salir de mí mismo para ayudar a los demás.
. Poder orientar a los demás en su quehacer.
. Liberarse de normas y leyes.
. Hacer lo moralmente correcto.
. Preparar a los demás para que me ayuden.

51

Una técnica no-verbal de control

Objetivos:

a) Experimentar especialmente distintas relaciones de poder.
b) Explorar los sentimientos de dominio y de sujeción.

Participantes:

Cualquier número de personas.

Tiempo:

De diez a quince minutos.

Lugar:

Una sala con pupitres.

Proceso:

1. Para penetrar en la experiencia de dominio, el animador coloca a una persona en pie, en un lugar bien destacado, en el que queda claramente sobre los demás dominándoles perfectamente; y participa en la actividad desde esa posición. Los demás, en sus pupitres, tienen la impresión de estar subordinados a él.
2. Variaciones pueden ser: que uno se siente en el suelo mientras los demás están en sus pupitres (impresión de subordinación a todos los demás. O uno en pie y los demás sentados, etc.).
3. Es notable observar cómo esas simples modificaciones espaciales pueden hacer aflorar sensaciones de estar a gusto o a disgusto.
4. Se tiene, al final, una sesión de comentarios sobre lo experimentado.

52

Solución creativa de un problema

Objetivos:

a) Observar actitudes grupales en la solución de un problema.
b) Explorar las influencias interpersonales que se producen en la solución de un problema.

Participantes:

De veinticinco a treinta personas; se formarán subgrupos de cinco personas que funcionen a la vez.

Tiempo:

Unos treinta minutos.

Material:

Papel y bolígrafo.

Lugar:

Una sala amplia en la que puedan acomodarse todos los subgrupos a la vez.

Proceso:

1. El animador explica que se trata de dar con la solución creativa de un problema; para lo cual se debe llegar al consenso. Todos deben prestar mucha atención al proceso de discusión, pues al final tendrá que ser analizado en grupo.
2. A continuación, expone el problema que los subgrupos deberán solucionar en unos diez minutos:

Hace años un comerciante londinense era deudor de una gran cantidad de dinero a una persona que le había hecho un préstamo. Este último se enamoró de la joven y bella hija del comerciante. Y le propuso un acuerdo: le cancelaría la deuda si llegaba a casarse con su hija. Tanto el comerciante como su hija quedaron espantados pues no lo querían. El prestamista propuso que dejaran la solución del caso a la Providencia. Sugirió que pusieran una piedra blanca y otra negra dentro de una bolsa de dinero vacía; la joven debería sacar una de las dos piedras de la bolsa. Si sacaba la piedra negra se convertía sin más en su esposa y quedaba cancelada la deuda del padre. Si sacaba la blanca, se quedaba con su padre y también quedaba cancelada la deuda. Si no aceptaban este juego providencial, el padre iría a la cárcel y la hija moriría de hambre. Aunque obligados por la situación, el comerciante y su hija aceptaron. Salieron a un camino del jardín que estaba lleno de piedras. El prestamista se agachó para coger las dos piedras y con habilidad logró meter dos piedras negras en la bolsa. La joven cayó en la cuenta de la estratagema. Entonces, el prestamista pidió a la joven que sacara la piedra que iba a decidir tanto su suerte como la de su padre».

Se trata, en este punto, de que el grupo dé con la solución que encontró la joven para poder quedarse en compañía de su padre y que les fuera cancelada la deuda. (Solución: La joven del cuento metió la mano en la bolsa, cogió una de las dos piedras y al sacarla, sin mirarla, y como por descuido, la dejó caer entre las demás piedras del camino quedando mezclada con ellas).

3. Transcurridos unos diez minutos, el animador pide a los subgrupos que aporten sus soluciones y que expliquen el proceso que han seguido para llegar a su conclusión.
4. Aunque no todos los subgrupos hayan encontrado la solución, se puede seguir el ejercicio; exponen estos subgrupos que no han dado con la solución, el proceso que han seguido; o simplemente quedan como observadores de las exposiciones de los otros sin intervenir en el debate.
5. Se tiene, luego, un plenario para hacer comentarios sobre el comportamiento de los miembros del grupo centrándose en estos puntos:
   a) personas que participaron poco;
   b) personas que con mucha dificultad aceptaban las soluciones de los demás;
   c) personas que estaban muy nerviosas e inseguras en el debate para solucionar el problema;
   d) personas que se inhibieron, etc.

53
Dar y recibir afecto

Objetivo:

Vivenciar los problemas relacionados con dar y recibir afecto.

Participantes:

Cualquier número de personas.

Tiempo:

Depende del número de personas que intervengan como miembros activos.

Lugar:

Una sala apropiada al número de participantes.

Proceso:

1. El animador presenta el ejercicio, indicando cómo para la mayoría de las personas tanto dar como recibir afecto son cuestiones difíciles. Para ayudarnos a experimentar esas dificultades vamos a usar un método llamado «bombardeo intenso».
2. Las personas del grupo dirán a una persona que se ha elegido para que sea el foco de atención, todos los sentimientos positivos que sienten por ella. Ella sólo oye.
3. La intensidad de la experiencia puede variar usando algunas modificaciones. Seguramente la más simple es hacer que la persona-foco de atención no esté en el centro del círculo, sino separada, un poco lejos, y de espaldas al grupo, mientras escucha lo que se le dice; o quedarse en el grupo, pero no en el centro sino en un sitio cualquiera, como una más.
4. El impacto es mucho más fuerte si cada uno de los que van hablando se coloca al hacerlo delante de la persona, cara a cara con él, y le da la mano o le agarra el brazo y le mira a los ojos...
5. Al final se hace intercambio de comentarios sobre lo vivenciado y experimentado.

54

Ejercicio «dentro» y «fuera»

Objetivos:

a) Darse a conocer.
b) Poner a los demás en contacto con las dimensiones más profundas de la intimidad de cada participante.
c) Crear lazos de amistad y de compromiso mutuos.
d) Construir puentes de comunicación entre el «yo» y el «tú».

Participantes:

De diez a doce personas, por subgrupos; se puede hacer el ejercicio con varios subgrupos a la vez.

Tiempo:

De treinta y cinco a cuarenta minutos.

Lugar:

Una sala con pupitres.

Proceso:

1. El animador explica los objetivos poniendo en evidencia hasta qué punto, en la sociedad actual, cada uno estamos rodeados de otros muchos, pero en general vivimos muy aislados. Usamos muchos mecanismos de defensa en relación con los demás y nos abrimos muy poco a una comunicación verdaderamente existencial.

2. Todos los participantes reciben un número, y forman dos círculos, uno de ellos integrado por los que recibieron número par y otro por los que recibieron número impar. Los pares forman el círculo «dentro» y los impares otro círculo al lado, al que llamaremos «fuera».
3. Se da la palabra a los pares, o sea, a los «dentro». Y cada uno irá hablando, comunicándose, abriéndose a los demás. Por ejemplo, mediante respuestas a las siguientes preguntas:
   a) ¿quién soy yo?
   b) ¿cómo me ven los demás?
   c) ¿qué pretendo y busco en mi vida?
   d) ¿qué vivencias han influido más en mi vida?
4. Durante la exposición que hace el subgrupo «dentro», el subgrupo «fuera» está en silencio observando. Los compañeros del grupo que tiene la palabra sí pueden hablar para colaborar y facilitar la comunicación mediante preguntas que tiendan sólo a esclarecer y acrecentar la comunicación; no se permite nada que sepa a discusión.
5. Luego, se hace lo mismo intercambiando los papeles, de forma que, ahora, habla el otro grupo y observa el que antes habló.
6. Se termina con una comunicación entre todos para darse el «feedback» del ejercicio.

55

Dinámica de exclusión

Objetivos:

a) Posibilitar a los participantes el ser conscientes y experimentar lo que significa ser excluido del grupo.
b) Confrontar los sentimientos que se originan de la exclusión.
c) Experimentar los procesos por los que se llega a la identidad social mediante la exlusión de un grupo o mediante la exclusión de algunos miembros del grupo.

Participantes:

Número ilimitado de grupos pequeños, compuestos de cinco o seis personas cada uno de ellos.

Tiempo:

Una hora y media aproximadamente.

Material:

Refrescos y «pinchos».

Lugar:

Una sala amplia en la que los diversos grupos puedan moverse con facilidad sin molestarse entre sí.

Proceso:

1. Se forman los subgrupos de cinco o seis, y se colocan con suficiente distancia los unos de los otros.
2. Cada subgrupo excluye a uno de sus miembros basándose en criterios que antes han fijado y aceptado los miembros de ese grupo. Hacen esto en veinte minutos. Cuando todos los subgrupos hayan excluido a uno de sus miembros, se les coloca a todos los excluidos en un sitio aparte de la sala.
3. Los no excluidos se toman los refrescos y los «pinchos» en amable y alegre conversación sin comunicarse para nada con los excluidos.
4. Pasados unos diez minutos, se vuelven a formar los subgrupos, todavía sin los excluidos, y cada subgrupo nombra a uno de ellos para hablar en nombre de todos cuando, en el momento oportuno, tengan que explicar los criterios que tuvieron para excluir en su grupo. Luego, el grupo de los excluidos se coloca en el centro de la sala y los demás se colocan alrededor de ellos.
5. Cada uno de los excluidos dice al grupo las razones de su exclusión; si cree que su exclusión estuvo justificada; y cómo se ha sentido tanto respecto al grupo que le excluyó como en relación con los otros que integran el grupo de los excluidos.
6. Cuando terminen, cada representante de los subgrupos expone los criterios que en su subgrupo se adoptaron para excluir y por qué él y los demás creyeron que en el que excluyeron se cumplían esos criterios.
7. Luego, los excluidos vuelven a sus grupos de origen y reexaminan las fases iniciales del ejercicio y qué reacción tienen ahora ante aquel procedimiento.
8. Se reúnen, luego, todos en plenario y el animador hace sus propios comentarios sobre el ejercicio realizado, señalando los aspectos sociales de la identidad social, las características de la interacción entre las personas «estigmatizadas» y las personas «normales» y las características de la interacción que se produce entre las personas «estigmatizadas».

56

Ejercicio sobre el «feedback»

Objetivo:

Que los participantes tomen conciencia del «feedback».

Participantes:

Veinticinco personas.

Tiempo:

Unos treinta minutos.

Material:

Papel en blanco y bolígrafo.

Lugar:

Una sala con pupitres.

Proceso:

1. El animador explica en qué consiste el «feedback»; puede usar para ello el texto que incluimos al final de este ejercicio. Explicará también las técnicas del «feedback», con los textos correspondientes que también ofrecemos.
2. El animador propone, luego, un tema a debate. Señala, a continuación, a las personas que van a hacer de observadores; los demás serán actuantes. A los observadores les reúne por separado y

les entrega una copia del texto «funciones»: es lo que ellos tendrán que observar en los miembros actuantes durante el debate.

3. Se inicia el debate. Unos quince minutos para la discusión del tema propuesto; sólo actúa en él el grupo de actuantes.
4. Los observadores aportan, después, sus anotaciones, es decir, dan su «feedback» sobre la discusión que han presenciado, siguiendo fundamentalmente la pauta de las «funciones».
5. Se termina con los testimonios de todos sobre el ejercicio realizado.

El «feedback»

Es un término anglosajón que se ha introducido en la temática de las relaciones vivenciales para definir un proceso que es muy importante en la vida de un grupo. Su traducción no es fácil; podría hacerse con los términos *realimentación, reabastecimiento, observación interpretativa* o *mecanismo de revisión.* Principalmente se usa en los sistemas electrónicos y en los viajes espaciales para indicar el mecanismo que regula las naves en un vuelo espacial. La estación terrestre observa y tiene información de la nave que, a su vez, envía informaciones a la tierra: así se la puede dejar seguir su viaje o se la puede corregir si se han producido desviaciones.

También nosotros, a veces, nos desviamos en nuestras relaciones interpersonales o en nuestros modos de proceder y reaccionar unos con otros. Necesitamos, por ello, usar nuestros propios mecanismos de «feedback» para entrar de nuevo en la órbita adecuada.

Aplicado a las relaciones interpersonales, es una forma de ayuda a otra persona o al grupo, orientada a la posibilidad de efectuar una transformación de la conducta. Consiste en una información verbal o no-verbal que se dirige a una persona o a un grupo, mediante la cual les hacemos conscientes de cómo nos está afectando su conducta.

La forma más corriente de usar este mecanismo correctivo es decir sencillamente lo que uno ve que está pasando; por ejemplo: «Me parece que en este momento estás teniendo una actuación un tanto agresiva».

Algunos criterios para hacer que el «feedback» sea más útil y eficiente:

1. El «feedback» es más descriptivo que valorativo. Evita el lenguaje de las valoraciones y se reduce a la necesidad de mostrar una reacción a otra persona.
2. Debe ser específico y no general. En lugar de decir: «Tú estás intentando dominar constantemente», será mejor especificar el momento en que mostró esa actitud.
3. Hay que tener en cuenta las necesidades tanto del que recibe el «feedback» como de quien le da. Puede ser destructivo si sólo responde a las ne-

cesidades de quien lo da, sin tener en cuenta a la persona que lo recibe.
4. Se dirige solamente a aquellos comportamientos que pueden ser modificados; en caso contrario aumenta la frustración.
5. Debe ser solicitado y no impuesto.
6. Es necesario que se dé en el momento oportuno. Casi siempre es mucho más eficaz si se da algún tiempo después de haberse producido la conducta concreta; depende, desde luego, de la preparación de la persona o del grupo.
7. Debe ser comprobado, para que quede asegurada una buena comunicación.

TECNICAS DE «FEEDBACK»/1:

Funciones que se desempeñan en un grupo:

Los miembros de un grupo pueden desempeñar las siguientes funciones:

A. POSITIVAS:

Respecto a las ideas:

1. Esclarecedor: Vuelve a enunciar una cuestión o una solución para aclarar mejor o sintetizar la discusión.

2. Interrogador: Formula preguntas, busca orientación, solicita informaciones o repeticiones para sí mismo o para el grupo. Es un crítico constructivo.

3. Opinador: Presenta su opinión sobre algún problema o tema y aporta su propia experiencia para iluminar el asunto.

4. Informador: Trata de informar al grupo con datos y aportaciones oportunas.

Respecto a las emociones:

1. Alentador: Fortalece y anima al grupo; es amigo, cordial y diplomático.

2. Armonizador: Está de acuerdo con el grupo, concilia opiniones opuestas, comprende, cumple, acepta, no es agresivo.

3. Reduce tensiones: Ayuda al grupo con ocurrencias graciosas y agradables, reduciendo posibles tensiones.

Respecto a las decisiones:

1. Estimulante: Lleva al grupo a tomar decisiones, insiste en el cumplimiento del programa e induce a la acción.

2. Iniciador: Sugiere procedimientos, problemas o temas de discusión; propone alternativas; es un hombre de ideas.

B. NEGATIVAS

Respecto a las ideas:

1. Oscuro y complicado: Quiere cooperar pero lo expone todo de maneras bastante complicadas.

Respecto a las emociones:

1. Agresor: Lucha por sus posiciones; se exhibe, critica y censura a los demás; intenta llamar la atención sobre sí mismo; demuestra hostilidad contra el grupo; rebaja a los demás.

2. Dominante: Interrumpe, monologa, es superafirmativo y dogmático, intenta ser él el que dirija al grupo; afirma la autoridad y es autocrítico.

3. Negativista (bloqueador): Rechaza ideas, adopta una actitud negativa respecto a las preguntas; discute en momentos inoportunos; es pesimista y se niega a colaborar.

4. Desertor: Se retrae de un modo o de otro; es indiferente y se mantiene distante. Es excesivamente formal. Sueña con los ojos abiertos.

5. Tímido y callado: No habla, está inhibido.

6. Burlón: Hace bromas burlescas a los otros. Chistes para no meterse a fondo en las cuestiones y tareas.

TECNICAS DE «FEEDBACK»/2:

Control emocional:

¿Quién mostró mayor exaltación?
¿Quién intentó ser más moderado?

Planteamiento:

¿Quién intentó plantear bien el asunto?
¿Cayó el tema en el vacío? ¿Cuándo?

Participación:

¿Quién fue el que más y el que menos habló?

Descentralización:

¿Quién estaba preocupado por comprender las ideas de los otros?
¿Quién agredió a otros con sus palabras?
¿Quién hizo más preguntas?
¿Quién demostró tener mayor interés?

Capacidad de síntesis:

¿Quién fue el que con menos palabras expuso mejor el asunto?

Profundidad:

¿Quién mostró que conocía bien el asunto? ¿Cuándo? ¿Cómo?

Pruebas y ejemplos:

¿Quién presentó hechos para iluminar las ideas?
¿Quién propuso ejemplos?

Relación:

¿Quién se hizo el dueño del grupo?
¿Quién impidió que otros hablaran, quién interrumpió a los demás?
¿Quién mostró que valoraba las opiniones de los demás?
¿Quién se relacionó mejor con los otros?

Capacidad de expresión:

¿Quién procuró que se analizaran todos los aspectos de los temas propuestos?
¿Quién habló con mayor claridad?

57

Ejercicio de salida

Objetivos:

a) Aliviar el excesivo control interno de un grupo.
b) Liberar de sus inhibiciones a las personas constreñidas.

Participantes:

Cualquier número de personas.

Tiempo:

De diez a quince minutos.

Lugar:

Una sala apropiada para todos los participantes.

Proceso:

1. El animador señala a las seis o siete personas que van a ser el grupo de actuantes; se ponen en pie, en el centro del grupo, formando entre ellas un círculo apretado entrelazando sus brazos.
2. El animador señala a una persona, entre las que estén más inhibidas, y ésta se coloca de pie dentro del círculo formado por los actuantes. Intenta salir del círculo de la forma que sea, por arriba, por abajo o rompiendo la cadena de los brazos.
3. Los del círculo ponen el máximo empeño en mantenerla dentro y en no dejarla salir.
4. El ejercicio se puede hacer varias veces con distintas personas tanto en el círculo como en el intento de salir.
5. Al final se tiene un plenario, con los que han actuado y con todos los observadores, con comentarios sobre lo vivido en este ejercicio.

58

Historia de «La máquina registradora» Ejercicio de decisión grupal

Objetivos:

a) Mostrar que la búsqueda de consenso mejora la decisión.
b) Explorar el impacto que las suposiciones tienen sobre la decisión.

Participantes:

Varios subgrupos simultáneamente, de cinco a siete personas cada uno.

Tiempo:

Unos cuarenta minutos.

Material:

Una copia del texto «La máquina registradora» para cada participante y otra para cada subgrupo.
Papel y bolígrafo.

Lugar:

Una sala con pupitres.

Proceso:

1. El animador distribuye a cada participante una copia de «La máquina registradora». Durante unos minutos cada uno lee y contesta las afirmaciones según las considere verdaderas, falsas o desconocidas.
2. A continuación se forman subgrupos de cinco a siete personas y se da a cada uno de ellos otra copia del texto. Deben hacer un tra-

bajo de consenso grupal durante unos diez o quince minutos y contestar grupalmente a las cuestiones con la apreciación de verdadera, falsa, desconocida.

3. El animador enuncia las respuestas que son correctas: (la 3 es falsa, la 6 verdadera y las demás son desconocidas).
4. Al final se tiene una puesta en común sobre lo vivido al realizar este ejercicio centrándose, sobre todo, en examinar y comentar el impacto que las suposiciones tienen sobre las decisiones y sobre los valores del grupo.

Texto: «La máquina registradora»

La historia:

Un comerciante acaba de encender la luz de su tienda de calzados cuando aparece un hombre pidiendo dinero. El propietario abre una máquina registradora. El contenido de la máquina registradora es retirado y el hombre sale corriendo. Inmediatamente se avisa a un miembro de la policía.

Afirmaciones acerca de la historia:

1. En cuanto el propietario encendió la luz de su tienda de calzado, llegó un hombre	V	F	?
2. El ladrón fue un hombre	V	F	?
3. El hombre no pidió dinero	V	F	?
4. El que abrió la máquina registradora fue el propietario	V	F	?
5. El propietario de la tienda de calzado retiró el contenido de la máquina registradora y salió corriendo.	V	F	?
6. Alguien abrió la máquina registradora	V	F	?
7. Cuando el que pidió dinero se hizo con lo que había en la máquina registradora, salió corriendo	V	F	?
8. Aunque había dinero en la máquina registradora la historia no dice qué cantidad	V	F	?
9. El ladrón pidió dinero al propietario	V	F	?
10. La historia contiene una serie de acontecimientos que envuelven a tres personas: un propietario, un hombre que pidió dinero y un miembro de la policía.	V	F	?
11. Los siguientes acontecimientos de la historia son verdaderos: alguien pidió dinero — una máquina registradora fue abierta — su dinero fue retirado y un hombre salió corriendo de la tienda	V	F	?

59

Características de un líder

Objetivos:

a) Comparar los resultados de una decisión individual con los de una decisión grupal.
b) Explorar los valores que caracterizan a un líder.

Participantes:

Varios subgrupos de seis a doce personas cada uno.

Tiempo:

Una hora aproximadamente.

Material:

Una copia, para cada participante, del texto «Características del líder», que está al final de este ejercicio.
Papel y bolígrafo.

Lugar:

Una sala con pupitres.

Proceso:

1. Si los participantes pasan de doce personas, el animador formará subgrupos para que se facilite el trabajo. Y distribuye el texto «Características del líder».

2. Durante unos minutos, cada uno toma su decisión individual siguiendo las instrucciones que están en la hoja que han recibido; cada uno hace su selección de características y las coloca en orden de prioridad.
3. Terminado el trabajo individual se pasa a trabajar la decisión de grupo. Cada subgrupo señala a un relator que anote conclusiones que luego expondrá en la reunión con todos. La discusión en el grupo se hace durante unos treinta minutos. Luego se tiene la reunión de todos los subgrupos juntos, en la que cada relator expone las conclusiones de su grupo.

Relación de las características de un líder:

1. Instrucciones: Aquí tienes una lista con doce características de un líder. Tu trabajo consistirá en numerarlas dando el n.º 1 a la que a tu parecer es la más importante; el n.º 2 a la que le sigue en importancia, etc., de forma que el n.º 12 lo tenga aquella característica que estimes como la menos importante de todas.

2. Decisión

Individual	Grupal	
		A. Mantiene el orden durante la reunión.
		B. Es amigo y social.
		C. Tiene ideas nuevas e interesantes; es creativo.
		D. Sabe escuchar y procura comprender a los demás.
		E. Es firme y decidido. No duda.
		F. Admite abiertamente sus errores.
		G. Procura que todos entiendan.
		H. Crea oportunidades para que todos los miembros ayuden en la solución de los problemas.
		I. Sabe elogiar y rara vez critica negativamente.
		J. Le gusta conciliar personas e ideas.
		K. Sigue rigurosamente las reglas y los procedimientos.
		L. Nunca manifiesta rencor ni insatisfacción.

60

Necesidades individuales en el trabajo

Objetivos:

a) Que los individuos tomen conciencia de sus necesidades personales en el trabajo y de cómo éstas tienen diversas intensidades.
b) Posibilitar que los participantes descubran la relación existente entre sus necesidades y sus oportunidades.
c) Valorar la teoría que relaciona las necesidades individuales con las de la empresa.

Participantes:

De veinticinco a treinta personas.

Tiempo:

Una hora aproximadamente.

Material:

Una hoja de papel en blanco y bolígrafo. Una pizarra o cartulinas grandes.

Lugar:

Una sala con pupitres.

Proceso:

1. El animador pide a todos los participantes que respondan, con frases muy breves, a esta pregunta: ¿Qué esperas de tu trabajo?
2. Transcurridos unos ocho o diez minutos, se organiza, en la pizarra o en las cartulinas, una lista con las respuestas individuales de los participantes, en la que seguramente aparecen respuestas de este tipo: un buen salario, mi promoción personal, el éxito, buenas condiciones de trabajo, seguridad, libertad, sensación de pertenencia, convivir con otros, tener ante mí retos, apoyo, etc.
3. Compuesta la lista, se pide a todos que copien la lista, pero colocando en primer lugar la frase que a él le parece la más importante en su actual situación de trabajo, y así sucesivamente hasta llegar a la menos importante para él en su momento actual.

4. Se forman subgrupos para intercambiar ideas sobre sus necesidades básicas en el trabajo que actualmente desempeñan.
5. Tras este debate, el animador pide que guarden la lista, y que, en otra hoja, cada uno haga otra relación en la que, ahora, va a colocar en primer lugar aquella necesidad que él cree que tiene la mayor oportunidad de satisfacer en su trabajo actual y que siga así sucesivamente hasta llegar a la que cree que tiene menor oportunidad de satisfacer.
6. El animador les pide ahora que comparen esta lista con la anterior; y forma subgrupos de dos en dos para intercambiar ideas sobre el paralelo que han establecido.
7. Se tiene, luego, un debate, todos juntos, sobre el ejercicio que han realizado, en el que cada participante debe centrarse en los puntos fuertes que haya captado en esta experiencia.
8. Para terminar, el animador juntamente con el grupo, puede aplicar las necesidades individuales en el trabajo a la jerarquía de necesidades básicas ideada por Maslow y tendrán el siguiente resultado:

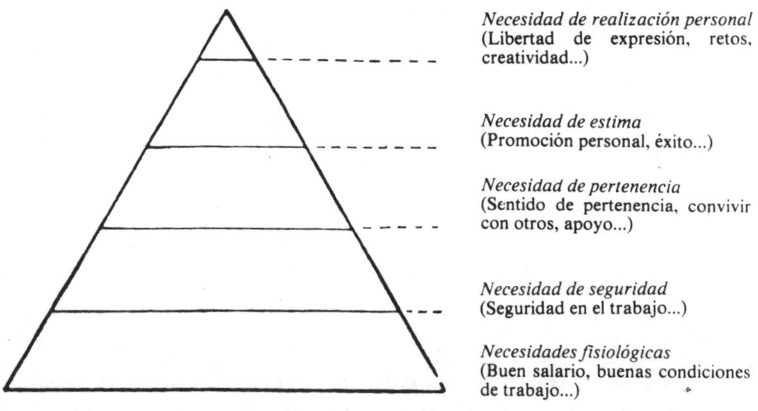

61

Necesidades de la empresa

Objetivos:

a) Intentar que los participantes sean capaces de identificar las expectativas que las empresas tienen sobre sus empleados.
b) Contrastar las necesidades de las personas con las de las empresas.
c) Introduce la noción de contrato psicológico.

Participantes:

De veinte a veinticinco personas.

Tiempo:

Unos treinta minutos.

Material:

Hojas en blanco y bolígrafo.

Lugar:

Una sala con pupitres.

Proceso:

1. El animador organiza, con todo el grupo, una lista de expectativas específicas que las empresas tienen sobre sus empleados. Se pone la relación en la pizarra o en una cartulina grande; seguramente en la lista aparecerán: un trabajo altamente cualificado, lealtad

para con la empresa, el progreso de sus empleados, que estén satisfechos, que sean co-responsables con la empresa, que se identifiquen con ella, que tengan ideas creativas, que mantengan el statu quo, que cooperen, etc.

2. Luego, el animador sugiere que establezcan un paralelismo entre las necesidades individuales o personales que se señalaron en el ejercicio anterior y la relación que ahora se ha hecho de las expectativas de la empresa respecto a sus empleados. Ambas listas pueden irse componiendo de la siguiente manera:

Necesidades individuales	*Necesidades de la empresa*
Buen salario	Un trabajo cualificado
Promoción personal	Lealtad con la empresa
Buenas condiciones de trabajo	Satisfacción de los empleados
etc.	etc.

3. Hecha esta confrontación, se tiene un plenario con intercambio de ideas sobre cómo llegar a un «contrato psicológico» entre el individuo y la empresa.

62
Ejercicio de examen personal

Objetivos:

a) Tomar conciencia de las estrategias que usamos en las situaciones de conflicto.
b) Examinar los métodos que usamos para resolver los conflictos.
c) Introducir estrategias negociadoras y aprender habilidades para negociar.

Participantes:

De veinte a veinticinco personas.

Tiempo:

Unos treinta minutos.

Material:

Papel y bolígrafo.

Lugar:

Sala con pupitres; ambiente de silencio y quietud.

Proceso:

1. El animador explica que van a hacer un ejercicio de imaginación para poder examinar sus estrategias en la solución de los conflictos individuales. Durante unos cinco minutos, el animador conducirá al grupo a través de la fantasía imaginativa siguiente:

2. Indica que adopten todos una postura confortable, que cierren los ojos y procuren concentrarse, olvidándose de todo lo demás y relajándose todo lo que puedan.
3. El animador comienza diciendo: «Estamos ahora todos andando por la calle; de repente vemos que a cierta distancia se acerca hacia nosotros una persona que es familiar a cada uno de nosotros, la reconocemos.
4. Es una persona con la que estoy en conflicto. Caigo en la cuenta de que tengo que decidir rápidamente cómo afrontar este encuentro. A medida que se me acerca la persona, una infinidad de alternativas pasan por mi cabeza. Tengo que decidir ahora mismo, qué voy a hacer y cómo voy a orientar el encuentro».
   El animador se detiene. Espera un poco. Y sigue:
   «Ya ha pasado la persona. ¿Cómo te sientes? ¿Qué nivel de satisfacción sientes en este momento?»
5. El animador pide a todos que vuelvan a la realidad, que abran los ojos, etc.
6. Durante unos cinco minutos, todos responderán por escrito a estas preguntas:
   ¿En qué alternativas pensé sobre todo?
   ¿Qué alternativa elegí?
   ¿Qué nivel de satisfacción sentí al final?
7. Cada participante comenta, ahora, con otros dos compañeros, las respuestas que han dado y uno de ellos se encarga de hacer una síntesis escrita de lo que se diga.
8. Se tiene, luego, un debate en plenario partiendo de la exposición de las síntesis realizadas. En general se observa que las estrategias más empleadas son: evitar, aplazar y enfrentar los conflictos.
9. Se termina con una exposición, de cada participante, de sus reacciones ante el ejercicio realizado. El animador hace un comentario al problema de los conflictos, para el que se puede apoyar en el texto siguiente:

Estrategias para la solución de conflictos:

El conflicto es una realidad de todos los días en las personas. En casa, en el trabajo, etc., las necesidades y los valores de las personas chocan constantemente con los de otras personas. Hay conflictos pequeños y relativamente fáciles de superar. Otros son mayores y requieren alguna estrategia para darles una solución satisfactoria, pues de lo contrario, crean tensiones constantes y enemistades.

La habilidad para solucionar satisfactoriamente los conflictos es probablemente una de las más importantes cualidades que una persona puede tener, al menos en la perspectiva de sus relaciones sociales. En nuestra sociedad tenemos pocas oportunidades para educarnos en esto. Como todas las habilidades, también ésta se compone de una infinidad de sub-habilidades, que cada una tiene su entidad propia pero que son interdependientes. Necesitamos asimilar esas habilidades tanto a nivel cognoscitivo como a nivel de comportamiento.

Los niños solucionan sus conflictos con estrategias propias. Pero no siempre solucionan los conflictos satisfactoriamente; aun así, ellos las siguen usando porque no reflexionan ni están aclarados sobre la existencia de otras alternativas.

La solución de los conflictos se produce por tres tipos de estrategias: evitándolos, aplazándolos y afrontándolos.

Evitar y enfrentar son estrategias diametralmente opuestas.

Hay personas que procuran evitar las situaciones conflictivas y otras que procuran huir de determinados tipos de conflicto. Intentan reprimir reacciones emocionales, ir por otros caminos e incluso abandonan completamente la situación. Eso ocurre o porque esas personas no saben enfrentar satisfactoriamente esas situaciones o porque no tienen habilidades para negociarlas satisfactoriamente.

Aunque las estrategias de evitar tienen cierto valor cuando es posible la fuga, generalmente no proporcionan a la persona que las usa un alto nivel de satisfacción. Tienden a dejar dudas y miedos para cuando se encuentren el mismo tipo de situaciones en el futuro, y también sobre los propios valores de coraje y capacidad para afrontar las cosas de la vida.

La segunda táctica consiste esencialmente en dar largas, dejando que la situación se enfríe, al menos temporalmente; el asunto de que se trata no queda nada claro y no hay muchas probabilidades de que se llegue nunca a enfrentarlo. Lo mismo que en el caso anterior, tampoco esta estrategia produce satisfacción y da inseguridad para el futuro, cosas que dejan preocupada a la persona.

La tercera estrategia lleva consigo enfrentar y confrontar las situaciones y las personas que están en conflicto. La confrontación puede subdividirse, a su vez, en estrategias de poder y de negociación. Las de poder, incluyen el uso de la fuerza física y de otro tipo de castigos, venganzas, etc. Esas tácticas son muchas veces eficientes. Cuando se usan, casi siempre hay un vencedor y un vencido. Por desgracia para el vencido muchas veces el conflicto vuelve a surgir. Hostilidad, angustias e incluso heridas físicas son casi siempre las consecuencias de las tácticas protagonizadas por la estrategia del poder.

Usando la estrategia de la negociación, ambas partes del conflicto pueden ganar. El objetivo de la negociación consiste en resolver el conflicto con un compromiso o solución que satisfaga a los que se han visto envueltos en el conflicto. Todo indica que el uso de la estrategia de la negociación es el que mayor cantidad de consecuencias positivas lleva consigo, o al menos el que menos consecuencias negativas tiene.

Pero las buenas negociaciones requieren otras habilidades que hay que aprender y practicar. Como, por ejemplo, la habilidad de saber determinar y concretar la naturaleza del conflicto, la eficiencia en mostrar el deseo de negociar, la claridad para señalar cuáles son los puntos claves a negociar sin meterse en otros aspectos que pueden enconar más las cosas, la capacidad de ponerse en el punto de vista del otro, y el saber usar el proceso de solución del problema mediante decisiones consensuadas.

63
Primeras impresiones

Objetivo:

Explorar la riqueza de comunicación que hay en un cuerpo humano en silencio.

Participantes:

De veinticinco a treinta personas.

Tiempo:

Unos treinta minutos, aunque depende, en parte, del número de personas participantes.

Material:

Hojas en blanco y bolígrafo.

Lugar:

Una sala.

Proceso:

1. Los participantes se sientan en círculo y el animador expone cómo muchas veces y con facilidad terminamos por hacernos una imagen falsa de una persona, principalmente cuando la vemos por primera vez. Cuando está diciendo esto entra en la sala una persona desconocida: esta persona abre la puerta, entra aprisa, lo mira todo y sale de nuevo. (El animador ha concertado previamente con esta persona su actuación).

2. Cuando se marcha la persona, el animador pide al grupo que responda, por escrito, a las siguientes preguntas:
¿Qué mensaje ha dejado en ti esta persona?
¿Qué impresión ha dejado en ti esta persona a la que no conoces?
3. Tras unos cuatro o cinco minutos, cada uno lee su respuesta.
4. Aproximadamente media hora después, entra otra persona desconocida y se une al grupo. Estará en la sala un buen rato, mostrándose muy interesada en aprender, como los demás miembros del grupo. Todos la pueden observar. El animador no hará referencia alguna a la presencia de esta persona.
5. Pasados unos treinta minutos aproximadamente, la persona se va, sin más, y el animador pide al grupo que responda, por escrito, a las siguientes preguntas:
Desde que vi a esa persona, ¿qué preguntas me hice a mí mismo respecto a ella, por el mero hecho de su presencia física?
¿Cuáles han sido las cosas en que yo me he fijado?
6. Después de cinco o seis minutos, se leen las respuestas, tomando conciencia de cómo la mera presencia física de una persona provoca en los demás tantos y tantos sentimientos, suposiciones y juicios; con su mera presencia el cuerpo de una persona nos habla y nos hace hablar.
7. Se tiene un rato final para verbalizar la riqueza de comunicación que un cuerpo humano, aun estando en silencio, nos ofrece.

64

Ver y ser visto

Objetivos:

a) Que los participantes tomen conciencia de las diversas posiciones que toma el cuerpo humano.
b) Analizar la interpretación dada a las diversas posiciones que toma el cuerpo humano.

Participantes:

De veinte a veinticinco personas.

Tiempo:

Unos treinta minutos, aunque depende del número de participantes.

Material:

Papel en blanco y bolígrafo.

Lugar:

Una sala acomodada al número de participantes.

Proceso:

1. El animador comienza explicando cómo, por lo general, por el mero hecho de ver el cuerpo de otra persona enseguida intentamos interpretarlo. ¿Seremos capaces de verlo tal cual es en un momento dado, sin interpretarlo? ¿Ponemos todos en la misma

posición nuestro cuerpo, piernas, pecho, cabeza, brazos, manos? ¿Hay diferencias en las posiciones que cada cual da a su cuerpo?

2. Se forman dos subgrupos que se colocan uno enfrente del otro en la sala. Un grupo queda en pie y el otro se sienta. Cada una de las personas sentadas escoge un compañero del grupo que está en pie. Y el que está sentado observa, describe e interpreta la posición del cuerpo y de los miembros de su compañero que está de pie, procurando ser lo más objetivo posible y tomando nota de cuanto en él observa «aquí y ahora».
3. Se cambian los papeles en cada pareja: el que veía pasa a ser visto y viceversa.
4. A continuación se procede a la lectura de las observaciones realizadas, teniendo en cuenta sobre todo:
   a) la diferencia de posición del cuerpo de cada uno;
   b) la tendencia a interpretar los mensajes del cuerpo;
   c) la interpretación permanente que cotidianamente hacemos;
   d) la molestia o satisfacción que cada cual tuvo al ser observado por el otro;
   e) la semejanza que existe entre los propios temores y los de los demás.

65

El espejo: Ponerse en la piel del otro

Objetivos:

a) Que las personas tomen conciencia de la dificultad existente en comprender a los demás.
b) Mostrar cómo la falta de comunicación es, muchas veces, un problema de falta de comprensión.

Participantes:

De veinte a veinticinco personas.

Tiempo:

Unos cuarenta minutos.

Material:

Papel en blanco y bolígrafo.

Lugar:

Una sala.

Proceso:

1. El animador explica lo que entendemos con la frase «ponerse en la piel del otro». ¿Cómo es el otro en sí mismo, cómo vive sus cosas, sus sentimientos?, etc. ¿Cómo comprender a los demás para comunicarnos mejor con ellos?, etc.

2. Se forman subgrupos en parejas, para poder vivenciar mejor la situación de «espejo» con el compañero. Este ejercicio tiene tres fases:
   1.ª: El compañero A realiza una acción, real o figurada, como tomar un café, trabajar en su escritorio, escribir una carta, etc.; el compañero B le imitará en todos sus gestos, siguiendo su ritmo, sus emociones, etc. y procurará hacerlo con toda precisión.
   2.ª: Se invierten los papeles. B realiza la acción y A le imita.
   3.ª: Unos momentos de concentración de cada uno sobre su compañero. Luego, cada uno de ellos va a ser, al mismo tiempo, el que hace la acción y el espejo que imita los gestos del otro. Las dos personas hacen a la vez las dos cosas.
3. Cada pareja comenta la experiencia que han vivido poniendo en común las siguientes observaciones:
   a) su dificultad para estar atento todo el tiempo;
   b) su capacidad de concentración en el otro;
   c) cómo los gestos externos revelaban sus sensaciones y movimientos interiores;
   d) las diferencias entre tomar la iniciativa de una acción e imitarla.

66

Colocarse

Objetivo:

Que las personas tomen conciencia de los cambios de lugar dentro de un grupo y de la toma de posiciones agradables para el cuerpo.

Participantes:

Veinticinco personas aproximadamente.

Tiempo:

Una media hora.

Lugar:

Una sala.

Proceso:

1. El animador incita a cada participante a que elija un lugar en la sala y se ponga en postura confortable. Todo el que crea que no está bien acomodado puede cambiar de lugar y de postura.
2. Cada uno debe observar, desde el momento en que se indicó que cada cual buscara su lugar y postura confortable, quién cambió de lugar, quién de postura, y qué cambio realizó.
3. Cada uno dirá en el grupo qué cambio hizo él.
4. Lo importante será que cada uno tome conciencia y verbalice ante los demás de lo que hace cuando busca una posición y un lugar confortables. Y por qué.

67

Verse: la imagen del cuerpo humano

Objetivo:

Iluminar la diferencia que existe entre la imagen que nos hacemos de nuestro propio cuerpo y la realidad física del propio cuerpo.

Participantes:

Veinticinco personas aproximadamente.

Tiempo:

Unos cuarenta minutos.

Material:

Papel en blanco y bolígrafo.

Lugar:

Una sala.

Proceso:

1. El animador comienza formulando algunas preguntas al grupo:
   ¿Qué imagen tenéis cada uno de vuestro propio cuerpo?
   ¿Cómo os veis cada uno?
   ¿Tiene interés para ti conocer tu propio cuerpo?
   ¿Qué conoces de él?

¿Conoces la realidad física de tu cuerpo o conoces las imágenes que se han formado en tu cabeza coloreadas con juicios positivos o negativos sobre él?

2. Luego, el animador sugiere lo siguiente: «Para sentir mejor cuál es la imagen que cada uno se ha hecho de su propio cuerpo, cerrad los ojos y procurad veros como en una pantalla que estuviera localizada en el interior de vuestra cabeza. Procura concentrarte por unos momentos en esa imagen».
3. Tras dos o tres minutos de concentración, cada uno se pregunta a sí mismo si esa imagen que él se ha formado corresponderá a la que tienen los demás sobre su propio cuerpo y si corresponderá a lo que él realmente es físicamente.
4. El animador procura que los participantes tomen conciencia de que la imagen que tenemos de nuestro cuerpo nunca coincide con la realidad física de nuestro cuerpo; puede recorrer, para ello, particularidades precisas: el tamaño, el color, la forma exacta, etc. Sólo tenemos una imagen deformada de la realidad física de nuestro cuerpo.
5. Se puede prolongar esta visión de uno mismo haciendo lo mismo, pero ante un grupo de personas. Y será curioso observar que la imagen que tenemos de nosotros mismos cuando estamos ante un grupo varía y que hay personas que están tan pendientes del grupo que no se ven a sí mismas.
6. El animador propone al grupo que responda cada uno a la siguiente pregunta: Cuando veo mi cuerpo y la imagen que doy a los demás (la que ellos ven cuando me observan) ¿es la que a mí me gusta o la que me fastidia? Si a alguien no le satisface ninguno de los dos polos de esta alternativa, puede formular una tercera, escogida por él.
7. A continuación, cada uno lee y verbaliza el trabajo que ha realizado procurando enriquecer su reflexión con algunos de los siguientes aspectos:
   a) Diferencia entre el cuerpo humano e imagen del cuerpo.
   b) La imagen del cuerpo humano como «pantalla» en la comunicación.
   c) Las fuentes exteriores de la imagen del cuerpo humano.

68

Los cuerpos revelan una posición social

Objetivos:

a) Captar cómo detrás de nuestros cuerpos hay una institución (nuestro organismo, los ritos, los derechos, los temores...).
b) Captar que tras esa institución hay otras instituciones.
c) Captar que tras esas instituciones hay personas, decisiones tomadas por ellas, relaciones establecidas y situaciones de nuestra primera infancia que se reproducen.

Participantes:

De veinte a veinticinco personas.

Tiempo:

Una hora, aunque depende del número de participantes.

Material:

Papel en blanco y bolígrafo.

Lugar:

Una sala con pupitres.

Proceso:

1. El animador propone que cada uno se imagine en «situaciones pasadas de su vida en que no se sintió a gusto en su comunicación con otras personas». También en situaciones en que las palabras no le salían con facilidad por timidez, miedo u otras dificultades. Casi todas las personas hemos pasado por situaciones de esas en nuestra vida.
2. Después de unos seis o siete minutos, cada uno lee sus anotaciones.
3. Por lo general, se podrá observar que las situaciones más enojosas para la mayoría de las personas se han producido en su comunicación con «superiores» y no con «iguales» o «inferiores».
4. Ante esta situación, el animador escoge para el ejercicio a una persona que hará de secretaria y a otros dos para hacer de protagonistas y les propone la siguiente dramatización: Una persona va al jefe de personal de una empresa para informarse sobre un empleo antes de ofrecerse para cubrirlo. Llama a la puerta. La secretaria le atiende y le invita a pasar, le saluda y le pide que espere un poco y tome asiento. Luego va al despacho del jefe y le anuncia la visita. Mientras espera, preocupado y nervioso, busca en su bolsillo una nota en la que había escrito algunos detalles a tener en cuenta en su entrevista. Enseguida aparece la secretaria, con lo que no puede leer su nota antes de que le atienda el jefe.
   La secretaria le anuncia que el jefe le va a recibir. Enseguida se levanta y entra en el despacho con una sonrisa en los labios. Mira al jefe, que sigue sentado ante su mesa como ajeno, enfrascado en su trabajo. «Buenos días», le dice al acercarse a la mesa; espera un poco. Pasan algunos momentos tensos y el jefe le manda sentarse. Se sienta al borde del sillón; encogido, encurvado, con la cabeza levemente inclinada hacia adelante; comienza a hablar diciendo que ha leído en el periódico que esta empresa necesitaba empleados y que antes de ofrecerse deseaba tener algunas informaciones respecto al trabajo; su habla es entrecortada, tímida y se le ve preocupado en no decir palabras de más; apoya su cabeza en las manos y mira siempre al jefe como por debajo de las cejas.
   El jefe que hasta ahora ha estado callado, le dice: Hábleme antes de su formación y de su experiencia.
   Ahora el candidato ya no insiste en la información que buscaba sino que procura responder inmediatamente a la pregunta que le ha hecho el jefe, manteniéndose en la misma postura tímida que tiene desde el principio.
5. En este momento el animador aplica una técnica que se usa en las psicodramatizaciones. Detiene la escena e invierte los papeles: el solicitante es, ahora, el jefe de personal y éste es el que busca in-

formación; cambian sus lugares respectivos, el papel que representan, etc...

6. Lo importante es observar cómo el comportamiento de las personas cambia radicalmente. El antes candidato toma ahora una postura tiesa, firme, se sienta cómodamente en el sillón. Y el que antes era jefe abandona su tono de autoridad y se presenta humilde, azorado y hablando con voz sumisa. Se hace todo el ejercicio como en el caso anterior.
7. Los observadores van haciendo una lista de todo lo que van constatando y del mensaje que reciben de los dos protagonistas de la dramatización.
8. Luego, cada observador lee sus anotaciones y se tiene una puesta en común de la experiencia que han vivido tanto los protagonistas como los observadores.

69

Ejercicio de saber mirar

Objetivos:

a) Sensibilizar el órgano de la visión.
b) Ayudar a los participantes a caracterizar la diferencia existente entre mirar y ver.

Participantes:

Cualquier número de personas.

Tiempo:

Unos treinta minutos.

Lugar:

Una sala, según el número de participantes.

Proceso:

1. El animador explica lo importante que es que aprendamos a ver, pues cotidianamente nos sucede que miramos y no vemos.
2. Invita luego a los participantes a darse unos paseos por la sala procurando ver con atención para descubrir todo lo que hay en ella y especialmente cosas nuevas en las que normalmente no se habían fijado.
3. Al cabo de unos cinco minutos, el animador coloca un reloj de pulsera sobre la mesa con la esfera hacia arriba y pide a los participantes que le observen con detención.
4. El animador formula estas preguntas:
   a) ¿De qué marca es el reloj?
   b) ¿Sus números son romanos o árabes?
   c) Añádanse otras características del reloj.
5. Aportadas las respuestas, se va verificando cómo y hasta qué punto se ha mirado sin haber visto. Se hace lo mismo respecto a lo observado en la sala.

70

El «ganador» y el «perdedor»

El ganador dice: «vamos a verlo».
El perdedor dice: «quién sabe».
Cuando el ganador se equivoca dice: «me equivoqué».
Cuando el perdedor se equivoca dice: «la culpa no fue mía».
El ganador confía en la buena suerte, aun cuando no haya sido tan buena. Es optimista.
El perdedor lamenta su «mala suerte», aun cuando no haya sido tan mala.
El ganador sabe cómo y cuándo decir sí y no.
El perdedor dice: sí, pero; tal vez no sea; no identifica bien ni los tiempos ni las razones.
El ganador trabaja más que el perdedor y tiene más tiempo.
El perdedor siempre está «más ocupado de la cuenta» cuando tiene que hacer lo que es necesario hacer.
El ganador se enfrenta con los problemas.
El perdedor esquiva los problemas.
El ganador asume sus compromisos.
El perdedor hace promesas.
Al ganador le entristece no poder hacer más.
El perdedor pide disculpas, pero vuelve a hacer lo mismo en la siguiente ocasión.
El ganador sabe el porqué de su esfuerzo y de su lucha, y cuánto tiene que asumir sus compromisos.
El perdedor se compromete cuando no debía hacerlo y lucha por cosas que no le convienen.
El ganador dice: «soy bueno, pero no tanto como debería ser».
El perdedor dice: «no soy tan malo como muchos otros».
El ganador escucha.

El perdedor no espera su turno para hablar.
El ganador prefiere ser admirado a ser amado; pero, todavía más, prefiere las dos cosas.
El perdedor prefiere ser amado a ser admirado.
El ganador sabe que es lo bastante fuerte como para poder ser amable con los demás.
El perdedor no se muestra amable con los demás, sino débil y, con frecuencia, se muestra cansado.
El ganador respeta a sus superiores y procura aprender algo de ellos.
El perdedor acumula resentimientos contra sus superiores e incluso monta intrigas contra ellos.
El ganador da explicaciones.
El perdedor intenta justificarse.
El ganador se siente responsabilizado por hacer siempre algo más.
El perdedor dice pronto: «no trabajo más».
El ganador dice: «debe haber otro modo mejor de hacer esto».
El perdedor dice: «esto siempre se ha hecho así».
El ganador sabe controlarse.
El perdedor sólo tiene dos velocidades: la histérica y la letárgica.

Dc. Whitt N. Schultz

Colección «PROYECTO»

10. CHRISTA MEVES / JOACHIM ILLIES
La agresividad necesaria. Cómo educar
los impulsos de autoafirmación 200 págs.
19. BALDUINO A. ANDREOLA
Dinámica de grupo (7ª. ed.) 120 págs.
20. A. BEAUCHAMP/ P. GRAVELINE/ C. QUIVIGER
Cómo animar un grupo (6ª. ed.) 136 págs.
2 1. MAITE MELENDO
Comunicación e integración personal (6ª. ed.) 216 págs.
22. SILVINO JOSÉ FRITZEN
La Ventana de Johari. Ejercicios de
dinámica de grupo, de relaciones humanas
y de sensibilización (7ª. ed.) 144 págs.
23. LUCIEN AUGER
Ayudarse a sí mismo. Una psicoterapia
mediante la razón (15ª. ed.) 144 págs.
24. SILVINO JOSÉ FRITZEN
70 ejercicios prácticos
de dinámica de grupo (9ª. ed.) 140 págs.
25. YVES SAINT?ARNAUD
Yo amo. Integración de los mecanismos
del placer, el afecto y la emoción (3ª. ed.) 88 págs.
26. M. VALLEUR/ A. DEBOURG/ J.C. MATYSIAK
La droga sin tapujos 168 págs.
27. JOHN POWELL
¿Porqué temo decirte quién soy? (13ª. ed) 128 págs.
28. JOHN POWELL
Plenamente humano, plenamente vivo (5ª. ed.) 192 págs.
29. RAMIRO J. ÁLVAREZ
Para salir del laberinto.
Cómo pensamos, sentimos y actuamos (4ª. ed.) 208 págs.
30. LUCIEN AUGER
Ayudarse a sí mismo aún más (5ª. ed.) 152 págs.
3 1. RAMIRO J. ÁLVAREZ
Trastornos psicológicos cotidianos 184 págs.
32. JOSÉ M.'TORO
El pulso del cotidiano
Ser?hacerse?vivir?realizarse 264 págs.
33. MAITE MELENDO
En tu centro: el enneagrama (6ª. ed.) 192 págs.

34. CARLOS G. VALLÉS
Te quiero, te odio.
Dinámica de las relaciones humanas (7ª. ed.) 176 págs.
35. LUCIEN AUGER
Vencer los miedos (3.ª ed.) 214 págs.
36. JOSÉ?VICENTE BONET
Sé amigo de ti mismo.
Manual de Autoestima (10. ª ed.) 160 págs.
37. MICHELINE LACASSE
Tengo una cita conmigo (3. ª ed.) 184 págs.
38. MICHELINE LACASSE
De la cabeza al corazón.
El camino más largo del mundo (2.ª ed.) 224 págs.
39. JEAN MONBOURQUETTE
Cómo perdonar.
Perdonar para sanar, sanar para perdonar (3. ª ed.) 184 págs.
40. CARLOS G. VALLÉS
No temas. Los miedos impiden vivir (4. ª ed.) 224 págs.
41. CARLOS G. VALLÉS
Mis amigos, los sentidos (3.ª ed.) 184 págs.
42. GENEVIÉVE HONE/ JULIEN MERCURE
Las "estaciones" de la pareja 224 págs.
43. JOHN POWELL
La felicidad es una tarea interior (4. ª ed.) 184 págs.
44. JOHN POWELL
El verdadero yo ¡en pie! (2.ª ed.) 224 págs.
45. JACQUES SALOMÉ/ SYLVIE GALLAND
Si me escuchara, me entendería 312 págs.
46. ARNALDO PANGRAZZI
El enneagrama (3.ª ed.) 184 págs.
47. JOHN POWELL
El secreto para seguir amando (3.ª ed.) 168 págs.
48. ANTHONY D´SOUZA
Manual del líder ? 1
Descubre tu liderazgo 256 págs.
49. ANTHONY D´SOUZA
Manual del líder ? 2
Éxito en tu liderazgo 256 págs.
50. CARLOS GONZÁLEZ VALLÉS
¿Por qué sufro cuando sufro? (2. ª ed.) 112 págs.
5 1. JOHN POWELL
El enigma del yo
Guía del autoconocimiento (2.ª ed.) 104 págs.

52. ANTHONY D´SOUZA
Manual del líder ? 3
El liderazgo efectivo 192 págs.

53. SILVINO JOSÉ FRITZEN
Relaciones humanas interpersonales 144 págs.

54. JOSÉ LUIS GONZÁLEZ GARCÍA
LUIS ÁNGEL LÓPEZ MENÉNDEZ
Sentirse bien está en tus manos (2.ª ed.) 256 págs.

55. JOHN POWELL
Las estaciones del corazón 384 págs.

56. JEAN MONBOURQUETTE
Relaciones con la propia sombra (2.ª ed.) 152 págs.

57. KARL FRIELINGSDORF
De sobrevivir a vivir 200 págs.

58. DENIS PELLETIER
El arco iris interior de la carencia a la plenitud 152 págs.

59. LISA LANGEVIN HOGUE
La comunicación: un arte que se aprende 160 págs.

60. CARLOS GONZÁLEZ VALLÉS
Elogio de la vida diaria (2. ªed.) 152 págs.

61. JEAN MONBOURQUETTE
A cada cual su misión.
Descubrir el proyecto de vida 200 págs.

62. CARLOS GONZÁLEZ VALLÉS
"Yo soy así "
¿Es posible cambiar? (2.ªed.) 120 págs.

63. GILBERTO GILLINI
MARIA TERESA ZATTONI
La otra trama 256 págs.

64. GILBERTO GILLINI
MARIA TERESA ZATTONI
Enseñar a amar.
La edución afectiva y sexual del adolescente y de su familia 128 págs.

65. JEAN MONBOURQUETTE
Crecer.
Amar, perder... y crecer 136 págs.

66. JOSÉ LUIS GONZÁLEZ GARCÍA
El hilo de Ariadna.
Buscando una salida al pesimismo, la culpa, la insatisfacción
y otros laberintos cotidianos 200 págs.

67. IÑAKI PIÑUEL Y ZABALA
«Mobbing».
Cómo sobrevivir al acoso psicológico en el trabajo 312 págs.

68. GENEVIÉVE DE TAISNE
YVES DE GENTIL BAICHIS
El placer de ser abuelos 144 págs.
69. DENIS SONET
Su primer beso.
La educación afectiva de los adolescente 168 págs.
70. CARLOS GONZALEZ VALLÉS
El domino Egipcio
y el valor de cada momento 128 págs.
71. RITA GAY
El código de las emociones
el conocimiento afectivo del niño 192 págs.
72. JACK DOMINAN
Hacer el amor
el significado de la
relación sexual 224 págs.

Editorial SAL TERRAE
Santander